Michael Mary

Der kleine Paarberater

64 Anregungen zu Liebe und Partnerschaft

© 2015 Henny Nordholt Verlag Testorfer Str. 2 D 19246 Lüttow

print: ISBN 978-3-926967-11-4

epub: ISBN 978–3–926967–13–8

pdf: ISBN 978–3–926967–14–5

Umschlag: Fritz Steingrobe

Informationen über den Autor: www.michaelmary.de

Hinweise zum Copyright unserer eBooks:

Inhalt

Stichwortverzeichnis

W0049701

Vorwort

Der kleine Paarberater gibt zu vielen der alltäglich auftauchenden Themen der Paarbeziehung kurze Erläuterungen und gleichzeitig praktische Anregungen. Sie werden das Büchlein vielleicht in einem Rutsch lesen, können es aber auch immer zur Hand nehmen, wenn ein bestimmtes Thema akut wird.

Ich gehe auf mehr als 60 Themen ein, denen Paare in ihrem Beziehungsleben begegnen und über die sie stolpern können. Dabei behandle ich diese Themen nicht in aller Ausführlichkeit, fast zu jedem Thema könnte ein eigenes Buch geschrieben werden. Mir kommt es vor allem darauf an, Denkanstöße und die eine oder andere ungewöhnliche Sichtweise zu vermitteln. Ein direktes und offenes Wort zu einem Thema ist mir wichtiger als eine ausgewogene oder wissenschaftliche Darstellung der Sachverhalte zu liefern.

Meine Absicht liegt darin, Betroffenheit über das eigene Verhalten auszulösen und Alternativen dazu aufzuzeigen. Es hilft nicht, sich über den Partner aufzuregen. Man kann das Verhalten des Partners nur ändern, indem man sein eigenes Verhalten ändert. Außerdem gilt in einer Beziehung: Für eine Lösung ist derjenige zuständig, der das Problem empfindet, weil er es hat.

Oft ist nicht viel nötig, um mit schwierigen Beziehungslagen besser umzugehen. Da Partner sich in Konflikten gegenseitig emotional hochschaukeln, ist bereits eine Menge mit etwas mehr Abstand, ein wenig Verlangsamung und Besinnung möglich; und auch die kurzen Übungen des Büchleins können hilfreich sein.

Beziehungen halten nicht, weil Partner etwas richtig machen, sondern solange die Partner bereit sind, die Probleme und Schwierigkeiten, die Beziehungen unvermeidlich mit sich bringen, zu bewältigen. Dabei wünsche ich viel Erfolg.

Einige Bemerkungen zum Thema Beziehung

Was ist eine Beziehung? Die beste Definition die ich kenne lautet: Eine Beziehung ist die Geschichte der gegenseitigen Reaktionen zweier Partner aufeinander.

Reaktionen aufeinander. Wer sich in einer Beziehung befindet, nimmt das Verhalten des Partners deutlicher wahr als sein eigenes Verhalten. Den Ansatzpunkt zur Veränderung liefert allerdings selten der Partner, doch auf jeden Fall das eigene Verhalten.

Sie können sicher sein, dass sich Ihr Verhalten und das Ihres Partners gegenseitig bedingen. Wenn also ein Problem in einer Partnerschaft entsteht, sind immer beide Partner an dessen Aufrechterhaltung beteiligt, schlicht durch die Art und Weise, in der ein Partner auf die Reaktion des anderen Partners reagiert, was eine Reaktion hervorbringt, auf die wiederum reagiert wird, was weitere Reaktionen nach sich zieht usw.

Wenn Sie den Ablauf dieser Reaktionen verändern wollen, weil Sie ein Problem mit den Ergebnissen haben, brauchen Sie nicht auf Ihren Partner zu warten. Wenn Sie Ihre Reaktion verändern, gerät Ihr Partner aus dem Konzept und reagiert seinerseits anders. Und schon fängt etwas Neues an, eine spannende Geschichte mit einem anderen Ergebnis.

Partnerschaftsprobleme. Vielleicht haben Sie schon die Behauptung gelesen, Partnerschaftsprobleme wären vermeidbar. Glauben Sie solchen Unsinn nicht! Das Gegenteil trifft zu. Beziehungsprobleme sind unvermeidbar. Jeder Partner verändert sich im Laufe der Zeit; und davon wird die Beziehung betroffen. Erst anhand dieser Beziehungsveränderung fällt dann oft auf, dass es zu individuellen Veränderungen bei den Partnern gekommen ist und dass eine Anpassung daran notwendig ist. Individuelle Veränderung wird oft nicht an sich, sondern auf dem Umweg über die Beziehung bemerkt.

Eins meiner Bücher trägt den Untertitel „*Wer etwas ändern will, braucht ein Problem.*"[1] Das trifft ohne Einschränkung auch auf Partnerschaften zu. Die beste Haltung gegenüber Paarproblemen ist daher die Neugier. Auch wenn es schwerfällt: Seien Sie an einem Problem interessiert und gespannt darauf, welche Informationen sich durch eine schwierige Lage mitteilen, was Sie übersehen haben oder worauf Sie Ihre Aufmerksamkeit richten sollten.

Vermeiden Sie den Kardinalfehler: Suchen Sie nicht vorschnell nach Lösungen, um das Problem loszuwerden. Denn wenn Sie ein Problem und seine Bedeutung verstehen, tauchen Lösungen oft von selbst auf.

Eingebaute Probleme der Liebe. Was Beziehungen im Alltag oft schwierig sein lässt, ist die Tatsache, dass darin nicht nur eine, sondern verschiedene Liebesformen vorkommen. Es sind drei an der Zahl: Partnerschaft, Freundschaft und Leidenschaft.[2]

Die partnerschaftliche Liebe ermöglicht ein gemeinsames Vorhaben, bspw. eine Familie oder eine Firma zu gründen oder den Lebensalltag gemeinsam zu bewältigen. Dabei spielen Verhandlungen, Kompromisse, Verlässlichkeit und der Ausgleich von Leistungen eine große Rolle.

Die freundschaftliche Liebe lebt durch freiwillige gute Taten. Der Freund lässt seinen Partner so sein, wie er ist, und erwartet das Gleiche von ihm. In dieser Liebe sind Sympathie, Respekt und Wesensanerkennung zentral.

Die emotional/leidenschaftliche Liebe lebt von der gegenseitigen Bestätigung und Begegnung in intimsten Bereichen, beispielsweise in der Sexualität oder der Individualität. Liebespartner geben sich das Gefühl, in allen Aspekten ihrer Persönlichkeit gemeint und geliebt zu sein. Bei dieser Liebe spielen Gefühle die größte Rolle, denn Sie können nicht bewusst entscheiden, wen Sie auf diese Art lieben, darüber ent-

---

1   Das Leben lässt fragen, wo du bleibst

2   Siehe hierzu ausführlicher „Lebt die Liebe, die ihr habt"

scheidet Ihr Unbewusstes.

Das alles wäre kein Problem, wenn sich die drei Liebesformen nicht gegenseitig in die Quere kämen. Das tun sie aber, mehr noch, sie beißen sich mitunter sogar.

So können Sie z. B. darüber verhandeln, wie die Partnerschaft geregelt wird, wer die Wäsche erledigt und wer den Garten pflegt, aber Sie können nicht darüber verhandeln, wer wen wann wie zu begehren hat. Wenn Sie die emotional–leidenschaftliche Liebe wollen, müssen Sie diese Liebe schenken und darauf hoffen, dass Ihr Geschenk erwidert wird. Als Liebhaber dürfen Sie auch egoistisch sein und ihren Partner ganz für sich allein wollen. Das passt nicht zur freundschaftlichen Liebe, weil ein auf diese Weise Liebender dem Partner gönnt, was dieser braucht und ihn in seiner individuellen Entwicklung unterstützt, auch wenn dies seinen Interessen zuwider läuft.

Da ist es kein Wunder, dass es unter solchen Umständen immer wieder zu Beziehungsproblemen kommt. Das Problem in einer Beziehung besteht aber nicht darin, Probleme zu haben. Das Problem besteht im guten Umgang mit Problemen. Dazu gehört in erster Linie Akzeptanz. Es ist in Ordnung, Schwierigkeiten zu haben. Dann folgt auf dem Fuße: Neugier. Dann: Neue Reaktionen aufeinander ausprobieren. Und das alles wird am besten von einem langen Atem begleitet.

Es macht also Sinn, wenn Sie das Büchlein hin und wieder zur Hand nehmen, um sich Orientierung und Anregungen zu verschaffen.

Abneigung

Empfinden Partner zu Beginn ihrer Beziehung eine starke Zuneigung, mögen sich im Laufe der Zeit bestimmte Abneigungen einstellen. Das ist völlig normal, weil Partner zu Anfang möglichst ihre Schokoladenseite zeigen. Beginnende Abneigungen liefern Hinweise auf andere Seiten der Person oder, was besonders wichtig ist, auf bereits geschehene Veränderungen. Werden diese dauerhaft ignoriert, kann sich daraus eine massive Distanz entwickeln.

Die Frage hinter einer beginnenden Abneigung lautet schlicht: „Wovor genau ziehe ich mich zurück?". Vielleicht vor zu leeren Gewohnheiten gewordenen Ritualen, vor lästig gewordenen Verpflichtungen, vor bedeutungslos gewordenen Versprechen oder vor bisher noch ertragenen Verhaltensweisen des Partners? Worauf sie sich auch bezieht, jede Abneigung sollte respektiert werden. Das fällt meist schwer, weil man keine Kontrolle über seine Abneigungen hat.

Eine Abneigung passiert unabhängig davon, was man über eine Sache denkt, meint oder wie man glaubt, reagieren zu sollen oder zu müssen. Gegen seine eigenen Gefühle kommt niemand an, man kann sie nicht abschalten. Den Mundgeruch des Partners kann man sich nicht schön reden, und das Nasenbohren mag man sich nicht ansehen. Aber man kann sich dazu verhalten, und tut das am Besten auf offensive Art und Weise.

In jedem Fall spielt derjenige, der eine Abneigung entwickelt hat, ein Spiel mit, das ihm jetzt nicht länger gefällt. Die Lösung liegt also nicht darin, den Partner anzuklagen, sondern sich klarzumachen, was man selbst nicht mehr mitspielen möchte. Dann mag eine Auseinandersetzung beginnen, die – konstruktiv geführt – zu einer Klärung führt.

Hilfreich dabei kann es sein, wenn man deutlich macht, wohin man sich zuneigen könnte oder was man gut ertragen könnte. Ob der Partner diesen Weg gehen möchte und unter welchen Bedingungen, ist dann Teil der Auseinandersetzung.

Ärger

Der Ärger ist, wie auch die Wut, ein sogenanntes Zweitgefühl. Dem Ärger geht ein anderes Gefühl voraus, nämlich eine Enttäuschung, hinter der sich ein Bedürfnis verbirgt.
Ärger gestattet man sich leichter als Wut, aber das macht es auch leichter, ihn zu schlucken oder zu vertuschen. Das Wegdrücken des Ärgers bringt aber wenig, vor allem, wenn er immer wieder auftaucht, weil die Gefühle dahinter dann unberücksichtigt bleiben, wodurch der Ärger meist verstärkt zurückkehrt.

Ärger ist eine völlig normale Reaktion. Daher kann man dem Partner ruhig sagen: *„Du darfst dich ärgern, so viel du willst, aber deshalb mache ich noch lange nicht, was du willst – und überhaupt: Was willst du eigentlich?"* Diese Frage kann eine Brücke bauen zu dem, was der andere will; und darüber kann man sich dann auseinander setzen.

Noch leichter wird die Auseinandersetzung, wenn man sich nicht über eine Person, sondern über ihr Verhalten ärgert. *„Ich habe mich über deine Verspätung geärgert, weil ich mich auf unser Treffen gefreut hatte."* So kann die Auseinandersetzung fruchtbar werden, weil nach dem Ärger gleich die eigentliche Erwartung nachgeschoben wird, was dem Partner verdeutlicht, dass er nicht in Gänze abgelehnt wird, sondern dass man sein Verhalten ablehnt.

Wer sich regelmäßig über seinen Partner ärgert, hängt selbst fest. Er sollte sich mit seinen eigenen Erwartungen und seinem eigenen Verhalten befassen. Vielleicht ärgert er sich seit Jahren darüber, dass sein Partner immer noch nicht pünktlich ist. Und vielleicht wartet er für den Rest seines Lebens vergeblich, weil der andere – entgegen aller Beteuerung - nicht daran denkt, sich zu ändern. In dem Fall ist die Erwartung unrealistisch und alle Erziehungsversuche sind vergebens.

Wer regelmäßig den Ärger seines Partners abbekommt, sollte klarstellen, dass er nicht vorhat, sich zu ändern. Solche Klarheit bringt mitunter sehr viel Entspannung.

Auseinandersetzungen

Wer glaubt, in einer Beziehung käme er um Auseinandersetzungen herum, wird früher oder später in einem offenen oder stummem Machtkampf landen. Daran, dass an einer Beziehung zwei unterschiedliche Individuen beteiligt sind und daran, dass diese niemals eins miteinander werden, lässt sich nichts rütteln. Der Versuch, dennoch eins miteinander zu sein, drückt dem Einzelnen leicht die Luft ab. Weil niemand gern an Atemnot leidet, provoziert er unbewusst eine Auseinandersetzung. Schon ist Streit da und Abstand.

Streit kann gut sein, aber wenn er nur dazu dient, Abstand zu schaffen, ist der Preis zu hoch. Wenn es etwas zu klären gibt, das mit unterschiedlichen Meinungen, Standpunkten und Einstellungen zu tun hat, sollte man sich an dem Wort Auseinandersetzung orientieren – und sich tatsächlich räumlich auseinander-setzen.

Setzen Sie sich deshalb einige Meter auseinander, wenn Sie etwas mit dem Partner zu klären haben. Sie werden feststellen, dass es viel leichter ist, aus dieser Distanz heraus das zu sagen, was Sie vom Partner unterscheidet. Wenn die Entfernung nicht reicht, vergrößern Sie die Distanz. 5 bis 10 Meter sind vielleicht ungewohnt, aber kein Problem. So wird spürbar, dass zwischen Partnern auch ein Abstand besteht, und dass jeder seinen eigenen Raum braucht.

Im Bereich Partnerschaft führt eine Auseinandersetzung zu Verhandlungen und im besten Fall zu einer Einigung. Dabei ist wichtig, dass sich Standpunkte und Meinungen begegnen. Vor der Einigung liegt die Abgrenzung, und wer kein Gegenüber hat, das er anfassen und an dem er sich reiben kann, der ist auf spezielle Art allein gelassen.

Auseinandersetzungen im Bereich Liebe führen zu Einsicht und Mitgefühl und im besten Fall zu neuer Verbundenheit. Dann ist es Zeit, die Distanz zu überwinden und die Nähe zu suchen. Vieles lässt sich leichter in der Nähe zeigen, sagen und tun. Vertrautes, Zartes, Liebevolles etwa.

Bedürfnisse

Das Wort Bedürfnis hat etwas mit dürfen zu tun. Bedürfnisse muss man sich demnach erlauben; und am besten gesteht man dem Partner ebenfalls welche zu, dann können sich beide Partner womöglich gerecht werden.

Die Schwierigkeit liegt oft darin, dass man sich selbst bestimmte Bedürfnisse verbietet, weil es scheinbar Wichtigeres zu erledigen gibt. Wer sich beispielsweise vorgenommen hat, Großes zu erreichen, Karriere zu machen, viel Geld zu verdienen oder ein schickes Haus zu bauen, der muss seine Bedürfnisse einschränken, der kann sich Vieles nicht mehr erlauben. Muße etwa, sogenannte Schwächen, genießen und sich treiben zu lassen.

Bedürfnisse verschwinden jedoch nicht, wenn man sie sich verbietet. Sie tauchen allenfalls aus dem Bewusstsein ab, begeben sich auf Körper– oder Gefühlsebene und stören von dort aus das Empfinden. Sie stören auch die Empfindungen dem Partner gegenüber.

Wer sich jemand etwas verbietet ist es ihm dadurch schlecht geht, ist er leicht geneigt, seinen Zustand dem Partner vorzuwerfen. Wie selbstverständlich meint er: „Wozu habe ich schließlich einen Partner?". Dann ruft z. B. ein Überlasteter direkt oder indirekt per Vorwurf nach Unterstützung und eine Gelangweilte fordert den Partner auf, sich etwas Interessantes einfallen zu lassen. Hinter jedem Vorwurf verbirgt sich ein Bedürfnis. Wer das entdeckt, hält einen Schlüssel in der Hand.

Nun mag es vorkommen, dass ein Partner etwas dürfen möchte, der andere aber nichts müssen will. In solchen Fällen passen die Bedürfnisse nicht zusammen, und dann macht es oft keinen Sinn, sie miteinander erfüllen zu wollen. Ein Ausweg wäre, für sich selbst auch unabhängig vom Partner zu sorgen, also Selbstverantwortung zu zeigen.

Zum Thema Vorwürfe finden Sie hinten einige Übungen.

Begegnung

Schaut man sich traditionelle Beziehungsvorstellungen an, dann taucht häufig der Begriff der Verschmelzung auf. Partner sahen es lange Zeit als Ideal an, ganz oder teilweise miteinander eins zu werden. Man wollte eine gemeinsame Weltsicht haben, einer Meinung sein, an einem Strick ziehen und glaubte, im gleichen Boot miteinander zu sitzen.

Diese Vorstellungen scheinen sich allmählich zu verändern. Vor allem junge Paare legen weniger Wert auf Interessengleichheit, identische Ansichten und eine ähnliche Weltsicht. Sie betonen im Gegenteil den Wert der Unterschiedlichkeit.

Die alte Streitfrage zu diesen beiden Erwartungen lautet: Braucht die Liebe eher Gleichheit oder eher Verschiedenheit? Diese Frage ist nur zu beantworten, wenn man zwei Liebesformen unterscheidet. Dann wird klar, dass die partnerschaftliche Beziehung, also die Alltagsbegleitung, auf gleiche Interessen und Standpunkte angewiesen ist, weil es im Alltag auf Harmonie ankommt. Die emotional–leidenschaftliche Liebesbeziehung hingegen ist auf Verschiedenheit angewiesen, weil Verschiedenheit zu Begehren führt.

In einer **Partnerschaft** sitzt man im gleichen Boot und muss am selben Strang ziehen. In der Liebe hingegen begegnen sich unterschiedliche Individuen. Das Wort „In–dividuum" bedeutet „das Unteilbare". Weil ein Individuum unteilbar ist, kann es nicht mit einem anderen Individuum vereint werden und auch nicht im gleichen Boot mit ihm sitzen. Jeder ist sein eigenes Boot. Es gibt keine Schnittmengen, es fühlt sich bestenfalls manchmal so an.

Individuen können sich aber begegnen und in Beziehung zueinander begeben. Je individueller sie sind, desto intensiver wird die Begegnung, weil mit der individuellen Unterschiedlichkeit die Gefahr steigt, nicht anerkannt zu werden und damit das Glück wächst, wenn sich Unterschiedliche gegenseitig bestätigen. Von diesem Eindruck lebt die Liebe; und davon, dass Begegnungen sich aneinanderreihen.

Begehren

Was man begehrt, das hat man nicht. Zumindest nicht im Augenblick. Das Begehrte befindet sich in gewisser Distanz und übt von dort aus eine magische Anziehungskraft aus. Tatsächlich fühlt sich der Begehrende zum Begehrten wie an einem unsichtbaren Seil hingezogen. Was will er dort? Was erlebt er dort? Bezogen auf die Sexualität könnte es Verschmelzung sein, oder das Gefühl der Macht, der Hingabe, der Auflösung, des Fließens ... das Begehren führt den Menschen über sich selbst hinaus. Es ist eine Brücke zu etwas, das in seinem alltäglichen Erleben keinen Platz hat; das er aber braucht, um eben diesen Alltag leben und aufrecht erhalten zu können.

Das Begehrenswerte kommt nicht in Reinform vor, vielmehr setzt es sich gleichsam Masken auf, die je nach Epoche, Gesellschaft und individueller Lebenserfahrung verschieden sind. Wer solch einer Maske begegnet, bleibt an den ihnen inne wohnenden Versprechen hängen und kommt nicht so leicht davon los.

Es gibt viele solcher Masken, auch in der Partnerschaft. Die Haut des anderen, sein Geruch, sein Körper, sein Kuss, sein Lächeln, seine Nähe – all das führt in Versuchung, wirkt unwiderstehlich und verspricht Erfüllung und Lebendigkeit. Kein Wunder, dass das Begehren vermisst wird, wenn es fehlt. Es macht lebendig.

Wie kommt das Begehren abhanden? Hier scheint die gewohnte Nähe eine Rolle zu spielen. Wenn man Nähe hat, verliert das Begehren seinen Auftrag, der Auftrag, eine Distanz zu überbrücken.

Wie bekommen Partner Abstand zwischen sich, damit sie sich wieder begehren können? Manche finden die Lösung in körperlichem Abstand, in getrennten Betten oder Wohnungen. Wieder andere gehen das Risiko psychischer Distanz ein, sie wagen Selbstoffenbarung und riskieren Abweisung. Ohne Gefahr ist Begehren wohl kaum zu haben.

Beleidigung

Wem Leid angetan wird, der ist versucht, anderen Leid anzutun. Das gilt im Leben, also auch in der Partnerschaft. Wer sich von seinem Partner beleidigt fühlt, kann davon ausgehen, dass dieser seinerseits Leid empfindet (in der Vergangenheit oder im Heute) und dieses weitergeben will. Das ist eine Erklärung, aber natürlich keine Rechtfertigung von Beleidigungen.

Der Beleidiger ist sicher, jedes Recht zu seinen Ausfällen zu haben. Er handelt impulsiv und affektgesteuert, von Gefühlen wie Wut, Enttäuschung und Ärger getrieben und damit nicht reflektiert. Er will einfach etwas loswerden und kümmert sich im Moment des Affektes nicht um den Schaden, den er anrichtet. Die Reue kommt später, verändert dann aber meist wenig, vor allem auf Dauer nicht.

Wie kann man mit Beleidigungen umgehen? In erster Linie wäre es gut, dem Partner die Wirkung seiner Angriffe deutlich zu machen. Das fällt vor allem Männern schwer, die sich für wenig verletzlich halten und nicht mit der Wimper zucken, wenn sich ein Schwall übler Worte über sie ergießt. Die Rache lässt nicht lange auf sich warten – der Mann macht zu und lässt die Frau auflaufen.

Wer sich beleidigt fühlt, sollte dem Partner vermitteln, dass es weh tut. Hier bei ist Aufrechtsein angebracht, kein Jammern. Wer allerdings regelmäßig beleidigt wird, sollte sich auch fragen, wie er den anderen dazu bringt, derart die Beherrschung zu verlieren, also womit er dem anderen Leid zufügt und ob er seinen heimlichen Sieg nicht doch genießt nach dem Motto. „Siehst du, du bist der Schuldige!"

In jedem Fall steht bei anhaltenden Beleidigungen das Reden über das Umgehen miteinander an, also eine Metakommunikation. Hier kann sich jeder abgrenzen und klarmachen, was er mitmacht und was nicht. Und dann Konsequenz zeigen.

Siehe die Übungen „Vorwürfe" und „Gute Gespräche".

Betrug

Es ist leicht, sich in einer Beziehung betrogen zu fühlen, weil viele ausdrückliche Versprechen gemacht und einander noch weit mehr unausgesprochene Versprechen unterstellt werden.

„Wir werden uns alles Wichtige erzählen." Aber was ist für dich wichtig und was für mich? „Wir werden uns nicht belügen und an die Wahrheit halten." Doch was ist deine Wahrheit und was meine? „Wir werden füreinander sorgen, in guten wie in schlechten Zeiten." Doch was bedeutet das, wenn für den einen die Zeiten schlecht sind, für den anderen aber sind sie gut? „Wir werden uns treu sein. Nie werde ich jemand anderen begehren, nie jemand anderen lieben." Das ist mehr als ein Versprechen, das ist schon fast ein Schwur.

Es ist leicht, im Bann der Liebe solche Versprechen zu machen und große Schwüre abzulegen, doch ist es schwer, diese zu halten, vor allem wenn die Liebe geknickt oder gebrochen scheint. Wenn es hart auf hart kommt, wenn es heißt: „Ich oder Du", will ein jeder in erster Linie *sich selbst treu* sein. Auch dieses Versprechen will gehalten werden, es scheint sogar bedeutsamer als alle anderen Versprechen.

So kann es kommen, dass immer ein Betrogener dasteht – man selbst oder der Partner und dass man sich in der Not für sich und gegen den Partner entscheidet. Vertrauen zu haben ist unausweichlich, und oft wird es zerstört, weil ein Versprechen im Raum steht, das nicht aufgelöst wurde.

Ideal ist es daher, wenn Versprechen rechtzeitig zurückgenommen werden. Wenn einer beispielsweise so ehrlich ist zu gestehen: *„Ich kann dir keine Treue mehr versprechen, meine Sehnsucht geht woanders hin"*, kann das die Chance für einen Neuanfang sein, auch für etwas Neues in der Beziehung. Die Chance etwa, sich neu anzusehen, vielleicht Hindernisse aus dem Weg zu räumen, sich zu entpflichten und einander etwas anderes zu versprechen.

Bruder/Schwester

Von etlichen Paarpsychologen wird die Sexualität als Kern der Dauerbeziehung betrachtet. Von den echten Langzeitpaaren sehen das aber nur rund 4 % so. Das zeigt, dass man sich besser auf sich selbst statt auf Expertenmeinungen verlassen sollte. Sexualität spielt nur in der emotional–leidenschaftlichen Liebe eine große Rolle, in Freundschaft und Partnerschaft wird sie nicht gebraucht. Wie ich in einem Buch gezeigt habe, schützt sich eine alltagspartnerschaftliche Beziehung sogar vor zu viel Leidenschaft.[3]

Mit der Umschreibung: „Wir leben wie Bruder und Schwester" beschreiben Paare meist eine freundschaftliche Liebe, also eine Liebe, die darauf beruht, einander Gutes zu tun und sich gegenseitig in den Wesenseigenarten zu bestärken. Treffender würden sie also von einer freundschaftlichen Liebe statt von Geschwisterliebe sprechen, denn mit Bruder/Schwester–Verhältnissen hat das wenig zu tun.

Dieser Begriff stammt aus der Psychoanalyse, wo mangelndes Begehren mit dem Inzesttabu erklärt wurde. Auf solche mittlerweile sehr fragwürdigen Erklärungen lässt sich in den meisten Fällen verzichten. Bindung und Begehren waren schon immer Gegensätze, und gegen eine freundschaftliche, dem Wesen des Partners zugewandte Liebe oder eine reine Lebensbegleitung ist überhaupt nichts einzuwenden.

Anders liegt der Fall, wenn die Partner die Sexualität vermissen und sich über ihre bloß freundschaftliche und zu wenig leidenschaftliche Liebe beklagen. Dann lohnt es sich, die jeweiligen Verhaltensweisen und die dahinter liegenden Überzeugungen, Zwänge und Ängste zu erforschen.

Das Stichwort hierbei ist Selbstoffenbarung. Vielleicht findet man ja ein Verbot, gegen das man verstoßen kann, und dann lebt die Erotik und Intimität wieder auf – wie lange, das wird sich zeigen.

---

3   Siehe vom Autor '5 Lügen die Liebe betreffend' als Print oder eBook.

Distanz

Wer mag seinem Partner schon sagen, dass er manchmal froh wäre, ihn eine Weile nicht zu sehen? Dabei wäre ein gewisser Abstand oft nötig, um wieder aufeinander zugehen zu können.

Allerdings ist Distanz bei Partnern nicht unbedingt gut angesehen. Dabei ist Distanz eine Voraussetzung der Liebe. Denn zueinander finden wollen nur Getrennte.[4] Individualität bedeutet, anders als andere und damit isoliert zu sein; und um diese Getrenntheit zu überwinden, suchen und brauchen wir die Liebe. Liebe vergewissert.

Grundsätzlich kann man zwei Arten von Distanz unterscheiden: Die räumliche und die psychische Distanz.

Die räumliche ist einfacher zu halten, man ist auseinander und kann sich nacheinander sehnen. Davon lebt die Leidenschaft, aber die Partnerschaft ruft nach alltäglicher Nähe. Die psychische Distanz ist schwieriger zu halten. Sie bedeutet: „Ich bin anders als du, ob dir das gefällt oder nicht." Wer kann schon davon ausgehen, dass er dem Partner weiterhin gefällt, wenn er zeigt, *wer* und *wie* er jetzt ist?

Lässt sich Distanz vermeiden? Wohl kaum. Wer sie meidet, stellt irgendwann fest, sie dennoch zu haben. Dann sitzt er vielleicht direkt neben dem Partner, aber ist innerlich von ihm entfernt. Oder er schläft mit ihm, ohne ihm zu begegnen. Es ist noch keinem folgenlos gelungen, sich für die Liebe aufzugeben. Es ist noch keinem gelungen, mit dem Partner dauerhaft zu verschmelzen. Umgekehrt wird ein Schuh daraus. Wer sich zeigt, wie er ist und dass er anders ist, verschafft sich die Chance, als dieser geliebt zu werden.

Fragen zur Distanz: „Was kann ich in Gegenwart meines Partners nicht zeigen? Was verbiete ich mir? Wofür will ich mir Erlaubnis geben?" Das können Gedanken, Gefühle, Fantasien sein oder ein konkretes Verhalten.

---

4   Siehe vom Autor 'Die Liebe der Individuen' als Print oder eBook.

Eifersucht

Viel wird über Eifersucht geschrieben, dabei ist die Sache eigentlich recht einfach, zumindest theoretisch.

Eifersucht ist eine Gefühlsmixtur aus Angst, Wut und Hass, die durch emotionale Überlebensängste ausgelöst wird. Weil das eigene Überleben durch Verbundenheit das Wichtigste für einen Menschen ist, wird die Eifersucht so mächtig. Niemand kann diese innere Auflehnung gegen Isolation einfach so loswerden.

Das ist auch nicht nötig. Es kommt vielmehr darauf an, mit der Eifersucht *umzugehen,* anstatt ohne sie sein zu wollen. Das bedeutet, nicht auf denjenigen, der sie auslöst loszugehen, also auf den Partner. Er löst sie aus, er verursacht sie nicht. Ungezügelte Eifersucht kann gerade das herbeiführen, was sie befürchtet, nämlich das Ende einer Liebe.

Man sollte sich eingestehen: Ich habe Angst! Und dann auch: Mein Partner löst diese Angst zwar aus, aber es ist dennoch *meine Angst.* Ich muss mit ihr umgehen. Ich kann nicht erwarten, dass der Partner jedes Verhalten vermeidet, das meine Angst auslösen könnte. Schließlich will ich mein Leben auch nicht von den Ängsten meines Partners abhängig machen.

Wie lässt sich mit den ausgelösten Ängsten umgehen? Man muss Regeln für den Umgang damit finden. Man sollte Vereinbarungen treffen und klar absprechen, was erlaubt, was verboten und was tabu ist. Man kann verlässlich füreinander sein und herausfinden, was das konkret bedeutet.

Was Verlässlichkeit bedeutet, was einer sich wünscht und was der andere zu geben bereit ist, das lässt sich herausfinden. „Du kannst dich *nicht* darauf verlassen, dass ich niemand anderen attraktiv finde. Aber du kannst dich *bestimmt* darauf verlassen, dass ich dir sage, wenn ich mit jemand etwas anfangen möchte." „Ich gehöre mir und nicht dir. Du kannst dich darauf verlassen, dass ich mich von dir entferne, wenn du mich zu sehr kontrollierst."

Ekel

Wer Ekel vor seinem Partner empfindet, ist von diesem Gefühl oft am ziemlich entsetzt. Wie kann ich mich vor demjenigen ekeln, den ich liebe oder zumindest liebte?

Die Antwort hierauf liegt meist recht nahe. Ekel ist ein Abwehrmechanismus, er soll dafür sorgen, dass man sich von etwas fernhält. Ekelt man sich, ist einem etwas zu nahe gekommen. Man ekelt sich vor dem betrunkenen Partner, vor einem schlampigen Äußeren, vor Verhaltensweisen etc.

Ekel kann also ein sinnvolles Signal sein und er sorgt für etwas, das man vielleicht längst hätte tun sollen: Er stellt Distanz her. Bei Ekel ist eine Grenze überschritten, und die sollte wieder gezogen werden, damit der Schaden nicht noch größer wird.

Natürlich ist es nicht leicht, seinen Ekel auszudrücken, weil der Partner andere Ekelgrenzen hat und sich abgewertet fühlen könnte. Diskussion führen hier nicht weiter, gegenseitige Anerkennung aber schon. Die fällt leichter, wenn jedem ein Recht auf einen gewissen Ekel zugestanden wird.

Es gibt aber auch den aus der Vergangenheit mitgebrachten Ekel vor dem Partner oder vor sich selbst. Dahinter steht oft ein individuelles Verbot oder ein soziales Gebot. Zum Beispiel ekeln sich junge Partner heute vor Schamhaaren und Gerüchen. Dabei können Gerüche und Schweiß oft das sexuelle Erleben intensivieren.

Wenn hierüber ein Konflikt ausbricht, liegt eine Auseinandersetzung mit dem Gefühl an, wobei der den Ekel Empfindende seine Schamgrenzen überschreiten und sich dem Gegenstand der Abneigung nähern kann. Wenn sich das Verbot dadurch auflöst, mag ein Lustgewinn entstehen und der Ekel verschwindet.

So oder so, ob es um Abgrenzung oder Öffnung geht, immer findet die Auseinandersetzung mit dem Gefühl an Grenzen statt. Was geht noch durch? Was ist nicht akzeptabel?

Entschuldigen

Der Satz: „Ich entschuldige mich bei dir" ist nicht besonders stimmig. Man kann sich nicht selbst entschuldigen, weil die Schuldbefreiung nur durch den Partner kommen kann. Aber man kann den anderen um Entschuldigung bitten.

Ich halte Entschuldigungen nur dann für sinnvoll, wenn die Frage der Schuld eindeutig beantwortet werden kann. Und nur dann halte ich es auch für sinnvoll, dem anderen zu „vergeben" oder zu „verzeihen".

Jemand zu entschuldigen bedeutet, ihn vorher in die Schuld genommen zu haben. Das ist in der Liebe einigermaßen problematisch. Schließlich hat niemand einen Anspruch auf die Liebe des Partners, weil die Liebe ein Geschenk ist und keine Leistung, die geschuldet wird, oder Pflicht, die erbracht werden muss. Deshalb komme ich mit dem Bekenntnis des Leides besser klar als mit Entschuldigungen.

Ich kann dem Partner aufrichtig bekennen, dass mir ein Wort oder eine Handlung leid tut. Das drückt die Verbundenheit mit ihm aus. Indem ich ihm weh getan habe, habe ich mir selbst weh getan, ich kann seinen Schmerz in mir fühlen – und das zu erkennen wird dem Partner gut tun.

Das Bekenntnis des eigenen Leides wird aber nur dann wirken, wenn es sich nicht um leere Worthülsen handelt, sondern wenn der eigene Schmerz vom anderen gefühlt werden kann. Man kann sich nicht nur in Liebe, sondern auch in Schmerz verbinden.

Was tun, wenn einer zu weit gegangen ist? Vielleicht lässt sich die Tat wiedergutmachen, indem man dem Partner eine Freude macht. Wenn man die dann auch noch gern macht, ist das ein Ausdruck von Liebe. Man kann Wiedergutmachung anbieten. Am besten fragt man dazu nach: „Kann ich das wieder gut machen und wenn ja, wie?" Oder man schlägt selbst verschiedene Möglichkeiten vor. Schließlich weiß jeder etwas, von dem der andere träumt.

Enttäuschungen

Es gehört zu den liebsten Gewohnheiten von Partnern, sich gegenseitig für Enttäuschungen verantwortlich zu machen. Dabei wäre das Thema unter der Überschrift „Täuschungen" oft sehr viel leichter abzuhandeln. Denn wer enttäuscht wurde, der muss *sich* vorher getäuscht haben, außer, wenn es sich um gebrochene Versprechen handelt.

Jeder Partner täuscht sich selbst, indem er Erwartungen in den Partner hineinlegt. Diese bildsprachliche Formulierung zeigt sehr anschaulich, wer hier der Aktive ist: derjenige nämlich, der schließlich als Enttäuschter dasteht.

Die meisten glauben, ihre Liebe berechtigt sie, Erwartungen in den Partner hineinzulegen, und deshalb lautet der Vorwurf dann auch: „Wie konntest du das nur tun (oder lassen)? Du hast doch gesagt, dass du mich liebst!"

Das Verzwickte an vielen Erwartungen ist, dass sie unausgesprochen da sind und stillschweigend Geltung haben, obgleich viele aus der persönlichen Geschichte und speziellen Situation der Partner stammen und für den anderen nicht ohne Weiteres einzusehen sind. Aber auch für einen selbst ist es nicht leicht, die Erwartung hinter einer Enttäuschung aufzuspüren.

Was, wenn eine Enttäuschung eingetreten ist? Das Schlimme an einer Enttäuschung ist immer die **Verletzung**. Sie will anerkannt sein. Wer sich gegen den eigenen **Schmerz** wehrt, wird den Partner für die eigene Täuschung verantwortlich machen, auf Dauer baut er **Verbitterung** auf.

Was aber im Falle einer bewussten Täuschung, wenn man absichtlich hereingelegt wurde? In dem Fall bleibt dem Enttäuschten die Möglichkeit, sich mit seiner Leichtgläubigkeit zu befassen und Konsequenzen zu ziehen.

Dem Partner vorzuwerfen, man habe ihm **Vertrauen** geschenkt, ist wenig sinnvoll, weil man Geschenke gern und freiwillig macht und keine Gewähr auf Gegenleistung hat.

Erotik

Erotisch ist die Begegnung mit dem Unbekannten.

Für Verliebte ist vieles unbekannt. Ein fremder Mensch, ein fremder Geruch, ein fremder Körper, ein nicht berechenbares Verhalten. In jedem Augenblick lauern Gefahren der Abweisung oder des Scheiterns, und das macht den Augenblick so lebendig. Die Gefahr, zu weit zu gehen und zurückgewiesen zu werden, die Gefahr, sich zu verlieren. Am Abgrund lebt es sich intensiver.

Erotik ist frei von Gefahr nicht zu haben. Doch welche Gefahren bietet eine Partnerschaft, die womöglich schon lange besteht? Die in Gewohnheiten und Verlässlichkeiten gefestigt ist? Die – wenn die Erotik darin fehlt – auf Dauer vielleicht als leblos oder gar als langweilig erlebt wird?

Die Gefahr und die Chance liegen in in der Grenzüberschreitung. Genau dort, wo gewohntes Terrain verlassen und neues Terrain betreten wird, kann Erotik stattfinden.

Dort klopft das Herz, dort enden die Gedanken, dort ist ein Zittern, dort gibt es etwas zu wagen. Wovon träume ich? Was tue ich in meinen Träumen? *Wer bin ich* in meinen Fantasien? Was, wenn ich diese andere Person auch meinem Partner gegenüber bin? Was würde ich dann tun, sagen, fordern, verweigern, wollen, lassen? Das wäre in der Tat ein Wagnis, eines, das sich lohnen kann.

Wer davon träumt fremd zu gehen, könnte seinem Partner von diesen Träumen erzählen. Er riskiert einen Konflikt, aber er kann gespannt sein, was am Ende dabei herauskommt. „Es stimmt, ich vermisse etwas." – „Es stimmt, ich will etwas nicht mehr."

Wenn die erotische Langeweile da ist, hält sich jeder zurück. Langeweile entsteht, wo Zwänge herrschen. Der Löwe in seinem Käfig hat Langeweile. Er möchte springen und hält sich zurück. Er sehnt sich nach dem Sprung über die Grenze – einen Sprung, der ihn befreit.

Erwartungen

Vor Kurzem sprach ich mit einer Frau, die ihren Freund übers Internet kennen gelernt hatte. Sie habe keinerlei Erwartungen ihm gegenüber gehabt, erklärte sie. Doch wozu hat sie dann nach einem Mann gesucht?

Wer sich auf die Liebe einlässt, kann nicht frei von Erwartungen sein. Nur sind ihm diese oft nicht bewusst. Er sagt: „Mal sehen, was daraus wird", aber tief in seinem Inneren stehen die Erwartungen in ihren Startblöcken bereit. Das sagt ja schon ihr Name: Sie warten! Wenn es dann passiert ist, wenn die Liebe da ist, laufen sie eine nach der anderen los und wollen ins Ziel gelangen, also erfüllt werden.

Das bedeutet, dass Partner ihre eigenen Erwartungen und die des Partners erst nach und nach kennen lernen, vor allem was deren Tiefe und Bedeutung betrifft. „Ich wusste selbst nicht, wie wichtig mir der Kinderwunsch ist", mag da einer sagen, oder der andere staunt: „Ich hätte nie geglaubt, dass du keine Lust mehr haben könntest, mit mir zu schlafen".

Viele Erwartungen führen zwangsläufig zu Enttäuschungen, und oft fällt erst an dieser Enttäuschung auf, dass eine Erwartung bestanden hat und wie stark diese war. Zum Beispiel mag einer geglaubt haben, er könne eine offene Ehe führen, und wenn der Partner dann mit jemand anderem im Bett war, fällt er aus allen Wolken und in den Schmerz. In dem Fall war die Erwartung an sich selbst zu groß.

Über Erwartungen zu diskutieren macht keinen Sinn. „Wie konntest du dies oder jenes erwarten?" wäre ein fruchtloser Vorwurf, weil niemand über seine Erwartungen bestimmen kann. Gerade in Bezug auf die Liebe stehen viele seit frühester Kindheit in den Startlöchern.

Besser ist es, Erwartungen zu entdecken, sie anzuerkennen oder über sie zu staunen. Ist das, was ich erwarte, wirklich so selbstverständlich? Unterscheidet es sich von den Erwartungen meines Partners? Manche Erwartungen lösen sich auf, wenn sie erkannt werden, andere bestätigen sich.

Frauen und Liebe

Erleben Frauen die Liebe anders als Männer? Ja und Nein.

Nein, weil die Evolution den Geschlechtern keine Vorgaben bezüglich ihres Liebeserlebens gemacht hat. Ja, weil im Laufe der Geschichte ein Rollenverhalten entstanden ist, das Männern und Frauen immer noch unterschiedliche Erfahrungen mit der Liebe beschert.[5]

Der erste Mensch des anderen Geschlechts, den eine Frau in ihrem Leben liebte, war ihr Vater. Sein bewundernder Blick auf „die kleine Frau" hat wesentlich zum Aufbau ihrer Identität beigetragen. Bei den meisten Mädchen ist diese Bestätigung jedoch zu kurz gekommen, weil der Vater offenbar Wichtigeres zu tun hatte: Er musste arbeiten. Die meisten Mädchen erleben Liebe daher im *Zusammenhang mit Mangel*, einem Mangel bezüglich ihres Selbstwertgefühls.

Diesen Zusammenhang von Liebe und Mangel nehmen Frauen ins Erwachsenenleben mit. Eine Frau, die liebt, befürchtet früher oder später, vernachlässigt zu werden. Die Klagen der Frauen: „Männer ziehen sich zurück, sie schweigen, sie suchen bloß ihre Freiheit" sprechen Bände.

Um dem befürchteten Mangel vorzubeugen, bemüht sich die Frau um die Aufmerksamkeit des Mannes und wendet sich ihm zu. Sie macht sich schön, sie sucht Nähe, sie macht ihm Vorwürfe, wenn ihr die ersehnte Nähe fehlt, sie arbeitet an der Beziehung – und provoziert damit ungewollt, dass der Mann, bei dem Liebe im Zusammenhang der Enge steht, sich noch weiter von ihr zurückzieht.

Der Ausweg? Den Mann aus dem Mittelpunkt des eigenen Lebens schieben und sich selbst an diese Stelle setzen. Liebe anbieten, aber nicht darum kämpfen. Den eigenen Wert nicht vom Mann abhängig machen, sondern von der eigenen Anerkennung. So tun, als ob man 'ihn' nicht so sehr bräuchte. Leichter gesagt als getan, bringt aber gute Ergebnisse.

---

5   Siehe hierzu 'Wie Männer und Frauen die Liebe erleben', als Print oder eBook.

Freude

Machen Sie Ihrem Partner regelmäßig eine Freude – so lautet ein gängiger Tipp zum Erhalt der Liebe. Doch was haben Blumen am Valentinstag oder Einladungen zum Essen und andere pflichtgemäße erledigte Aufgaben wie Geburtstagsgeschenke tatsächlich mit der Liebe zu tun?

Anders gefragt: Können Handlungen, die dem Ausdruck der Liebe dienen, die Liebe hervorbringen? Wohl kaum, sonst könnte man mit kleinen Geschenken die Liebe eines beliebigen Menschen gewinnen und auf Dauer erhalten. Wer mechanisch schenkt, braucht sich nicht zu wundern, wenn sein notorisch überbrachter Blumenstrauß keine Begeisterung und erst recht keine Freude hervorruft oder sogar im Mülleimer landet.

Statt dem anderen krampfhaft eine Freude machen zu wollen, ist es besser, sich selbst eine Freude zu machen: Die Freude, den Partner zu beschenken. Ein Geschenk ist aber nur eines, wenn es für den anderen gemeint ist. Wenn ein Partner spürt, dass es einem Bedürfnis und Freude ist, ihm eine Freude zu machen, kann er Liebe in dem symbolischen Akt des Geschenkes erkennen.

Ideal ist es demnach, wenn der *Akt des Schenkens* dem Schenkenden Freude macht und *das Geschenk* dem Beschenkten. Dazu muss es zu den Bedürfnissen des Beschenkten passen. Wenn es tatsächlich *für ihn* ist, kann er sich auch gemeint fühlen.

Was, wenn eine Freude vermisst wird? Eine Freude kann man nicht einfordern oder beanspruchen, man kann bestenfalls um sie bitten. Eine andere Möglichkeit wäre, dem Partner Einblick in die eigenen Sehnsüchte zu gewähren. Ihm Bilder von dem zu geben, wovon man träumt. In spüren zu lassen, welche emotionalen und körperlichen Bedürfnisse da sind. Ihm mitzuteilen, wozu Lust besteht.

Vielleicht bekommt er dann Lust, eine Freude zu machen.

Freundschaft

Noch im Mittelalter wurde die Liebe zwischen Verlobten und Eheleuten als Freundschaft bezeichnet, heute ist das ungewöhnlich. Dabei spielt freundschaftliche Liebe in Beziehungen auch heute noch eine große Rolle.

Was soll man sich unter freundschaftlicher Liebe zwischen Mann und Frau vorstellen?

Freundschaft lebt von der guten Tat, von miteinander geteilten Interessen und gegenseitiger Wesensfaszination. Der Freund sagt: „Ich tue etwas für dich, ich unternehme gern etwas mit dir, ich akzeptiere dich so, wie du bist und unterstütze dich in deiner persönlichen Entfaltung."

Die freundschaftliche Liebe ermöglicht es, dem Partner einen Gefallen zu tun, gemeinsame Interessen mit ihm auszuleben und seine Wesenseigenarten zu fördern.

Die Aussage „Wenn es dir gut tut, kannst du gern alleine in Urlaub fahren" drückt eine freundschaftliche Liebe aus. „Ich liebe es, mit dir durch die Welt zu reisen oder in die Oper zu gehen" drückt eine freundschaftliche Liebe aus. „Ich bin von deinem Wesen fasziniert und unterstütze dich darin" drückt freundschaftliche Liebe aus.

Die partnerschaftliche Liebe und emotional-leidenschaftliche Liebe sind zu solchen Taten nicht in der Lage. Die partnerschaftliche Liebe erwartet gleichwertige Leistungen, die emotional/leidenschaftliche Liebe ist zutiefst egoistisch. Deshalb wird auch die freundschaftliche Liebe in einer Beziehung gebraucht.

Wer sagt: „Bei aller Liebe – ich möchte nicht, dass du ein eigenes Hobby pflegst", ist dem Partner kein Freund, weil damit keine gute Tat und keine die Wesensunterstützung verbunden ist. Wer sich so verhält, dem tut man auch nichts Gutes. Andere Möglichkeiten ergeben sich aus der Frage: „Was würde ich tun, wenn ich mit meinem Partner befreundet wäre, intensiver und tiefer als mit jedem anderen Freund?"

Gefühle

Die Gefühlswelt der Partner spielt heute eine ungleich größere Bedeutung als das jemals zuvor der Fall war. Im Unterschied zu früher beruhen Beziehungen mittlerweile vorwiegend auf Gefühlen. Das macht ihren Verlauf ziemlich unberechenbar. Denn niemand kann seine Gefühle für einen Menschen auf lange Sicht hin garantieren.

Natürlich möchten Partner sich gut fühlen. Was bei ihnen gute oder schlechte Gefühle auslöst, ist allerdings nicht immer gleich, weil sich Vorstellungen, Interessen und Bedürfnisse der Partner voneinander unterscheiden.

An Punkten, an denen solche Unterschiede deutlich werden, fangen Partner oft an zu kämpfen. Sie kämpfen dann vorgeblich um eine 'Sache', aber dahinter für die eigenen Gefühle und gegen die des Partners. Typische Sätze in solchen Scharmützeln lauten: „Du brauchst dich nicht einsam zu fühlen" oder „Ärgere dich doch nicht" oder „Was willst du? Du kannst doch zufrieden sein."

Es bringt natürlich nichts, dem Partner zu sagen, er sollte das Gefühl, das er hat, nicht haben. Nur wenn man sich dafür verantwortlich fühlt oder gar schuld daran zu sein glaubt oder von seinen Gefühlen genervt ist, wird dieses Ausreden wollen verständlich.

Es gehört einiges dazu, das Gefühl des Partners anzuerkennen, ohne sich den Schuh anzuziehen. Zu wissen, dass man man ein Gefühl ausgelöst hat, ohne die ganze Verantwortung dafür zu übernehmen. Darauf einzugehen, ohne die eigenen Gefühle zu verleugnen. Es gehört eine Menge Selbstbewusstsein dazu und die gelebte Erkenntnis, ein eigener Mensch zu sein.

Wer seine Gefühle in der Beziehung äußern und vertreten kann, dem kann man begegnen, der ist seinem Partner ein Gegenüber. Der ist als der präsent, als der er geliebt werden will, und hat damit die Chance, als dieser geliebt zu werden. Er wird es leichter ertragen, wenn der andere Gefühle äußert.

Geheimnisse

Vor Kurzem sagte mir eine Psychologin, sie und ihr Partner hätten keine Geheimnisse voreinander. Ich war sprachlos, was selten vorkommt.

Wie kann man keine Geheimnisse voreinander haben? Doch nur, indem der Partner von jedem Gedanken, von jedem Gefühl, von jeder eigenen Wahrnehmung erfahren würde. Aber wie sollte das möglich sein? Soll er zwei Leben gleichzeitig führen? Und wie sollte der in die Psyche des anderen eindringen, um dessen Regungen zu verfolgen? Könnte man zusammen bleiben, wenn man alles voneinander wüsste? Ich denke, nein.

Selbstverständlich erfährt ein Partner nur, was man ihn wissen und woran man ihn teilhaben lässt; und diese Auswahl übernimmt man selbst. Es gibt immer Geheimnisse, und diese werden in einer Beziehung unbedingt gebraucht.

Durch das Geheimnis bleibt die eigene Identität erhalten. Nur weil niemand anderes in mein Inneres blicken kann, existiere ich als Individuum. Das Geheimnis grenzt vom anderen ab und ermöglicht erst Begegnung. Unvorstellbar, was passieren würde, wenn man tatsächlich miteinander verschmelzen könnte. Es wäre das Ende der Liebe, weil wer eins mit den anderen ist, keine Liebe braucht.

Das Geheimnis erhält die Gefahr und die Unsicherheit aufrecht, die nötig ist, um den Partner zu suchen. Ein Zuviel an Sicherheit, Gewissheit und Gewohnheit erstickt eine lebendige Beziehung. Nur das Geheimnis lässt Neugier entstehen und das Interesse am Partner. Die Preisgabe eines bisher gehüteten Geheimnisses kann die Beziehung beleben.

Gott sei Dank gibt es immer genug Geheimnisse, die stückweise zu entdecken sind. Und mit jedem Geheimnis, das preisgegeben wird, rücken andere nach. Die Produktionsstätte für Geheimnisse liegt dort, wo persönliche Veränderung stattfindet – im Unbewussten, im nicht zu kontrollierenden Gefühlsbereich der Individuen. "Wenn du wüsstest … !"

Gewalt

Kommt es in Beziehungen zu verbaler oder körperlicher Gewalt, ist für den oberflächlichen Beobachter schnell klar, wer Täter und wer Opfer ist.

Doch so einfach ist die Sache nicht. Natürlich: Wer körperliche Gewalt gegen seinen Partner ausübt handelt kriminell und muss gestoppt oder bestraft werden. Doch unschuldig ist sein Gegenüber meist auch nicht.

„Ich lass mich nicht kleinmachen" sagte eine Frau, „ich mache ihn verbal so fertig, bis er nicht mehr kann." Diese Frau hatte ihre Macht entdeckt, den Mann an den Punkt zu bringen, an dem er die Kontrolle verlor. Und er wusste sich nicht anders zu helfen, als auf sie loszugehen. Was ist die Tat dieser Frau? Auszuhalten und ertragen, geschlagen zu werden, und zu provozieren. Und was ist die Tat des Mannes? Körperliche Gewalt auszuüben.

Kommt es zu Gewalt, stehen sich im Grunde zwei Hilflose gegenüber. Zwei, die sich vollständig abhängig voneinander fühlen und die keine Alternativen zu dem Verhalten „erzwingen" bzw. „aushalten" kennen, um Liebe zu bekommen.

Was tun?[6] Da kann sich jeder nur selbst aus dem Sumpf ziehen. Der Gewalttätige (übrigens: genauso oft schlagen auch Frauen, nur schlagen Männer härter) und der Ertragende müssen die Verantwortung für ihr Verhalten übernehmen und sich damit befassen. Das kann die Teilnahme an Anti–Gewalt–Trainings umfassen, eine Gruppen– oder Einzeltherapie. Die Wurzeln dieses Verhaltens liegen mit Sicherheit in den Kindheitserfahrungen rund um Liebe.

Macht hat man nicht, man bekommt sie vom Partner verliehen. Er kann sie zu sich zurückholen. Der Bann der Abhängigkeit muss gebrochen werden, damit sich schließlich zwei selbstbewusste Menschen gegenüberstehen, aufrecht und in Würde.

---

6   Siehe hierzu 'Hilfe, mein Partner ist dominant' als Print oder eBook.

Gewissen

Das Gewissen ist eine Stimme, die zu einem spricht. Es ist die eigene Stimme, sie spricht gut oder schlecht.

Worauf ich hier nicht einzugehen brauche, ist das gute Gewissen. Das gute Gewissen stört nicht, es macht frei. Das schlechte Gewissen hingegen macht schwer, behindert das Verhalten und schränkt die eigene Freiheit ein.

Wer ein schlechtes Gewissen dem Partner gegenüber hat, braucht sich allerdings nicht grundsätzlich zu grämen. Er kann daraus entnehmen, noch Interesse an der Beziehung zu haben. Man könnte sich beinah darüber freuen, wenn man nicht wüsste, dass die Beziehung durch das eigene Verhalten gefährdet ist. Deshalb nutzt es nichts, das schlechte Gewissen loswerden zu wollen.

Wenn das schlechte Gewissen auftaucht, stehen sich zwei eigene Impulse gegenüber. Einerseits soll die Beziehung erhalten bleiben, andererseits möchte sich ein individuelles Bedürfnis durchsetzen. Dieser Konflikt zwischen *zwei eigenen* Interessen macht sich als die Lähmung bemerkbar, die wir als schlechtes Gewissen bezeichnen.

Das schlechte Gewissen lässt sich nicht ausschalten. Es ist besser, ihm zuzuhören und zu berücksichtigen, was es sagt, ohne das eigene Bedürfnis aufzugeben. Diese Spannung will erst einmal ausgehalten und erforscht werden. Ein Ausweg daraus, eine Lösung, ist nicht sofort in Sicht.

Oft zeigt sich die Lösung, wenn das Bedürfnis dem Partner gegenüber geäußert/vertreten wird. Wer das nicht schafft, der wird früher oder später den Partner ausblenden, einfach sein Ding machen und dann mit den Folgen konfrontiert sein.

Ein schlechtes Gewissen zu haben ist also kein Anlass zur Sorge. Erst wer dem Partner gegenüber gar kein Gewissen mehr hat, weiß, dass ihm kaum noch etwas an der Beziehung liegt. Der hat die innerliche Verbindung zum Partner derart gekappt, dass ihm dieser gleichgültig geworden ist.

Glück

Jeder Partner trägt unbewusste Erwartungen in sich, die er durch seine Beziehung erfüllen möchte.

Solche Versprechen lauten bspw.: „Wenn ich den richtigen Partner habe, dann ..." oder „Wenn wir eine Familie sind, dann ..." Was ist dann? „ ... dann werde ich glücklich sein!"

Ein solches Glücksversprechen – ich bezeichne es als den Beziehungsmythos eines Partners – ist ungeheuer mächtig. Seine Faszination lässt sich kaum in Worten, aber oft in Bildern ausdrücken. In solch einem Bild sitzen Mann und Frau im hohen Alter auf einer Parkbank und schauen in inniger Vertrautheit dem Leben zu. Oder Mann und Frau und Kinder bilden einen Kreis und halten sich bei den Händen. Das sind Bilder vom großen Glück!

So weit der Traum. Aber einen Partner zu haben macht nicht zwangsläufig glücklich, und eine Familie zu haben auch nicht. Es kommt nämlich nicht darauf an, was man hat, sondern *wer man in diesen Zusammenhängen ist*. Haben kann man viel, ein großes Auto, ein Flugzeug, eine Menge Geld, einen Partner oder Kinder. Aber sein kann man deshalb nichts automatisch. Zum Beispiel: Partner sein, oder Vater sein, oder glücklich sein.

Wer sein Glück vom Partner abhängig macht oder von seiner Familie, läuft Gefahr, in diesem Traum verloren zu gehen[7], und zwar solange Partner und Familie ihm etwas *bringen* sollen. Doch diese Beziehungsformen können nichts bringen außer der Chance, darin jemand Bestimmtes *zu sein*.

Diese Gelegenheit will ergriffen werden. Wer in seiner Beziehung Glück erleben will kommt nicht um die Frage herum, wer er darin sein will; und er kann sich auch nicht die Aufgabe ersparen, dieser zu sein oder zu werden.

Siehe auch die Übung: „Wer war ich, wer ich sein?"

---

7   Siehe hierzu 'Lebe deine Träume', als Print oder eBook

Hass

Keinem, der liebt, bleibt auf Dauer der Hass erspart. Der ist eine Reaktion auf enttäuschte Erwartungen. Wer hasst, hat Liebe erwartet und wurde enttäuscht. Wen man nicht liebt oder von wem man nicht geliebt werden möchte, den kann man nicht hassen, der ist einem gleichgültig und lässt einen kalt. Der Hass aber ist heiß.

Der Hass legt eine Spur, die – wenn man sie verfolgt – zu enttäuschten Erwartungen führt. Wer dieser Spur folgen möchte, wird unweigerlich dem Schmerz und der Verletzung begegnen; und wer diesen Gefühlen ausweichen möchte, der bleibt in seinem Hass gefangen.

Dabei lässt sich dem Hass viel Positives abgewinnen. Der Hass bäumt sich auf und will nicht hinnehmen, er will das Selbst erhalten, er wehrt sich gegen Unterordnung und Selbstaufgabe. Er bindet, ähnlich wie die Liebe, weil er erst Ruhe gibt, wenn Frieden eingekehrt ist. Er will besänftigt werden, nicht ignoriert. Er löst sich in Verbundenheit auf.

Die wichtigste Verbundenheit ist allerdings die Verbundenheit mit sich selbst. Es ist in Ordnung, den Partner hin und wieder zu hassen. Die zweite Verbundenheit ist die mit dem Partner. Ihm zu sagen, was man hasst, was man an ihm hasst, was man nicht mehr ertragen möchte, welche Erwartung enttäuscht wird und welche Wünsche unerfüllt sind – das ist ein starkes Stück, das zur Selbstbestimmung dazugehört.

Aber Vorsicht: Der Partner löst den Hass nur aus. Er soll nicht auf ihm abgeladen werden. Er ist nicht dazu da, um alle Erwartungen zu bedienen. Liebe kann nur ein Geschenk sein, keine Pflicht.

Was hätte man von einer Liebe, die erzwungen wäre? Was hätte man von einer Beziehung, in der kein Hass möglich wäre? Wie könnte man zu sich selbst finden ohne die Unterstützung des Hasses? Der Hass lässt sich nutzen, aber leiten sollte er einen nicht. Dann zerstört er, was man liebt.

Hausarbeit

Die Hausarbeit ist ein großes Konfliktthema in Beziehungen. Vor allem Frauen beklagen sich oft über die ungerecht verteilte Last täglicher Pflichten.

Das Thema gehört in den Bereich der Partnerschaft, wo es darum geht, Leistungen gerecht zu verteilen und auszugleichen. Aber was ist gerecht? Dass jeder das Gleiche tut?

Nein, gerecht ist eine gleichwertige Verteilung der Lasten. Es sollten *gleichwertige* Leistungen erbracht werden, nicht gleiche. Maßstab ist also die Belastung des Einzelnen. Was der eine beiträgt, soll ihn ebenso viel Mühe kosten wie der Beitrag des anderen diesen Mühe kostet. Erst wenn beide *das Gefühl* haben, Gleichwertiges beizutragen, hören die Konflikte im Bereich der partnerschaftlichen Liebe auf.

Beim Vergleich der Leistungen ist viel zu berücksichtigen. Wer arbeitet, wie viel und wie lange? Wer kümmert sich um die Kinder ... das Haus ...den Garten ... die Wäsche ... den Einkauf ... die Finanzen usw.

Um zu einem übereinstimmenden Gefühl bezüglich der Leistungen beider Partner zu kommen, sind eventuell zähe Verhandlungen nötig. Darin haben die emotional/leidenschaftliche Liebe („Wenn du mich liebst, machst du das") und die freundschaftliche Liebe („Bitte, es tut mir doch so gut") als Argument nichts zu suchen. „Dass ich dich liebe, bedeutet nicht, dir die Wäsche zu machen, und mein Zusammensein mit dir will ich mir nicht erdienen." Partnerschaft bleibt Partnerschaft.

Wenn es unmöglich ist, unter konkreten Umständen einen gerechten Ausgleich zu finden, kann der stärker Belastete einen anderen Ausgleich verlangen. Etwa einen Extraurlaub für sich allein oder sonst etwas.

Also: Wer sich als Sklave fühlt, verhält sich wohl auch so. Wer einen Partner will, muss selbst Partner sein, weder Diener noch Pascha, er sollte sich auf Augenhöhe begeben.

Humor

Humor hilft dabei, Dinge zu akzeptieren, die man nicht oder zumindest jetzt nicht ändern kann.

Ohne Humor würden wir an den Verhältnissen verzweifeln. Man braucht sich nur klarzumachen, was in einer Beziehung nicht verändert oder kaum nennenswert beeinflusst werden kann: Der Charakter des Partners, seine Gewohnheiten, seine Vorlieben, seine Vergangenheit, seine Sehnsüchte, seine Lebenspläne, seine Körpergröße, seine Augenfarbe und andere 'Kleinigkeiten' mehr. Da sieht man, wie dringend Humor an diesem Ort gewisser Unausweichlichkeiten gebraucht wird!

„Wenn du dir etwas mehr Mühe gibst, wirst du es sicher noch schaffen, mich zu erziehen" meinte eine Frau zu ihrem Partner. Der Mann lachte, was blieb ihm auch anderes übrig?

„Ja, Mama, nein, Mama, ganz wie du willst, Mama" – dieses unablässig wiederholte Mantra ihres Mannes brachte eine Frau zum Lachen. Was hätte sie sonst auch tun können?

Mit der Bemerkung: „Ich weiß, dass ich dazu da bin, dir alles recht zu machen, aber ich komme einfach nicht von mir los" lässt sich mancher Streit beenden – bis zum nächsten Mal. Mit der Bemerkung: „Du meinst also, ich sollte hart an meiner Entspannung arbeiten" stellte ein Mann die Forderungen seiner Frau ein, sich bei einem Yoga–Kurs anzumelden.

Humor taugt hervorragend zur Entwaffnung des Partners, vor allem dann, wenn man nicht kämpfen möchte, weil es nichts zu bekämpfen gibt, aber viel, das akzeptiert werden sollte. Humor legt offen, aber er verletzt nicht.

Humor überzeichnet, verdeutlicht und stellt Abstand zum vergeblichen Bemühen her, den Partner zu verändern.

Nicht zufällig gehört Humor zu den am meisten geschätzten Eigenschaften eines Partners. Wie sonst als mit Humor ist eine Beziehung zu ertragen, und das womöglich lebenslang?

Individualität

Oft hört man, die Individualität stünde der Liebe im Wege. Das ist heutzutage ein ziemlicher Unsinn.

Heute ist Individualität ganz im Gegenteil die Bedingung für Liebe. Denn allein deshalb, weil der Mensch ein in sich isoliertes Dasein führt, sucht er die Liebe. Nur Getrennte können lieben, und nur Getrennte wollen lieben![8]

Zweifellos nimmt die Individualisierung der Menschen weiter zu. Das liegt daran, dass Gesellschaften immer komplexer werden und niemand mehr einen Überblick über die Verhältnisse hat. Es gibt keine verlässlichen Vorgaben mehr. Jeder muss sich selbst umsehen und seinen Platz finden. Der Gewinn dieser Individualisierung lautet Freiheit, ihr Preis ist der Verlust vorgegebener Orientierungen.

Die Konsequenz aus dieser Entwicklung lautet aber nicht: Weil Individuen immer egoistischer werden brauchen sie die Liebe nicht mehr. Vielmehr gilt im Gegenteil: Individuen brauchen nicht weniger, sondern intensivere Liebe.

Es ist wohl zu keiner Zeit mehr und intensiver geliebt worden als heute. Nie war ein Partner so wertvoll, nie wurde die Liebe so intensiv und umfassend gesucht, nie sind Kinder derart geliebt und gefördert worden wie unter den heutigen Bedingungen.

Partner ziehen Konsequenzen aus der Entwicklung. Statt miteinander eins werden zu wollen, statt eine Meinung, gleiche Überzeugungen, Gewohnheiten und Vorlieben haben zu wollen, ziehen sie es vor, zwei zu bleiben.

Moderne Partner suchen in erster Linie die Begegnung mit einem anderen, nicht die Verschmelzung. Dass sie dennoch das Gefühl des Einsseins suchen und genießen, ist davon unberührt. Aber dieses Gefühl muss nicht dauernd da sein. Nach der Begegnung kehrt jeder zur Selbstwahrnehmung zurück. Heute will jeder in der Liebe 'er selbst' bleiben.

---

8   Siehe hierzu 'Die Liebe der Individuen' als Print oder eBook

Interessen

Jeder Mensch hat Bedürfnisse, und dafür braucht er sich nicht zu schämen. Das Dumme ist nur, dass sich kaum ein Bedürfnis unabhängig von anderen Menschen erfüllen lässt. Das trifft natürlich erst recht für Beziehungen zu.

Wie sollte man eine Beziehung ohne Partner führen? Zwar sagen heute viele Partner: „Ich kann gut alleine *leben*", aber niemand sagt „Ich kann gut alleine *lieben*".

Bedürfnisse, die man gegenüber anderen vertreten muss, werden allgemein als Interessen bezeichnet. Jeder Partner hat Interessen, die er im Kontakt mit dem anderen vertreten will.

Dabei stehen zwei Interessen obenan. Das Interesse an der Liebe und das Interesse an sich selbst. Dass sich diese beiden Interessen – wenn man beide Partner im Auge hat, sind es sogar vier – nicht immer reibungslos miteinander vereinbaren lassen, liegt auf der Hand.

Versuche, eigene Interessen durchzusetzen sind nötig, wenn man mit der Beziehung zufrieden sein möchte. Dabei kommt unweigerlich zu Konflikten und Auseinandersetzungen, zu Streit oder Machtkämpfen. Das Wirrwarr widersprüchlicher Interessen und Bedürfnisse ist konfliktfrei kaum aufzulösen.

Das Interesse am Partner erfordert die Zuwendung zu ihm, das Interesse an sich selbst erfordert nicht selten die Abwendung von ihm. Wie bringt man solche paradoxen Interessen in Übereinstimmung? Indem man sowohl dem einen als auch dem anderen Bedürfnis nachkommt, aber eben nicht gleichzeitig, sondern nacheinander.

„Ja, ich will mit dir zusammen sein. Und ja, ich möchte ohne dich sein. Ja, es tut mir gut, dich einmal nicht zu sehen. Und ja, ich sehne mich nach dir. Ja, ich liebe dich. Und ja, manchmal will ich auch allein sein."

Intimität

Gemeinhin wird unter Intimität eine kuschelige Nähe verstanden, die das Gefühl vermittelt, miteinander vereint zu sein. Das ist sicher sehr schön und manchmal kann man davon nicht genug bekommen, aber das reicht nicht.

In der Anfangszeit einer Beziehung, wenn die Partner verliebt sind, erleben sie eine andere, aufregende Form der Intimität. Diese besteht darin, sich gegenseitig zu erforschen und zu entdecken, also dem Fremden zu begegnen.

Diese Intimität ist mit Wagnissen verbunden, in erster Linie mit dem Wagnis der Selbstoffenbarung. Wer zeigt, *wer* und *wie* er ist, geht er das Risiko ein, abgelehnt zu werden. Umso schöner ist es dann, als dieser bestätigt zu werden.

Natürlich wird von Anfang an besonders bei heiklen Themen beschönigt und gefärbt. Diese Vorsicht und Rücksicht kann sich einspielen und dazu führen, dass man in der Beziehung nur noch teilweise vorkommt.

Das Stichwort für diese fatale Rücksicht auf sich und den Partner lautet Selbstverleugnung. Wer sich in seiner Beziehung oft und immer stärker selbst verleugnet, hat irgendwann keine Lust mehr auf die Beziehung und zieht sich innerlich daraus zurück. Die Partner spielen Rollen und setzen Masken auf. Sie entwickeln Distanz, ihre Intimität geht verloren.

So gerät jeder Partner in Konflikt mit der Beziehung, die jetzt langweilig statt aufregend ist. Dann ist es an der Zeit, sich zu offenbaren. „Ich bin nicht der, als der ich mich ausgebe ... ich bin in Wirklichkeit ... müde ... traurig ... einsam ... sehnsüchtig ... sauer ... anderer Meinung – ob dir das gefällt oder nicht!"

Diese Selbstoffenbarung weist den Weg zu aufregenden Formen der Intimität: zu fremden faszinierenden, irritierenden Seiten an sich und dem Partner. Und zu eine Nähe, die aus der Bestätigung dessen entsteht, was offenbart wird.

Kinder

Kinder zu zeugen ist idealerweise ein Akt der emotional/leidenschaftlichen Liebe. Kinder gemeinsam aufzuziehen ist dagegen eine partnerschaftliche Aufgabe.

Das eine muss mit dem anderen nicht zusammenhängen. Deshalb können Eltern auch dann noch Eltern sein, wenn sie füreinander keine Liebhaber mehr sind.

Kinder werden oft vorgeschoben, wenn es darum geht, Beziehungen zu erhalten. Das ist deshalb leicht, weil Kinder die eigenen Abhängigkeitsgefühle symbolisieren und sich die eigenen Ängste leicht auf sie projizieren lassen. Doch so hilflos und abhängig wie viele Eltern glauben, sind Kinder nicht. Sie verfügen meist über erstaunlich hohe Fähigkeiten, mit schwierigen Lebenssituationen umzugehen.

Kinder werden durch Trennungen nicht automatisch geschädigt. Sie können sogar von Trennungen profitieren – vorausgesetzt, die Eltern akzeptieren und schätzen sich auch nach der Trennung gegenseitig und sind beide für ihre Kinder erreichbar. Dann erweitert sich die Weltsicht der Kinder und die Abhängigkeit von einem ganz bestimmten Menschen reduziert sich.

Kinder brauchen Liebe, aber es spielt keine Rolle, ob diese von der Mutter oder vom Vater oder sonst woher kommt. Ansonsten müssten Kinder in anderen Kulturen, in denen die Kleinfamilie keine große Rolle spielt, durchweg gestört sein, was natürlich nicht der Fall ist.

Kinder brauchen verlässliche Beziehungen, aber diese hängen nicht davon ab, ob die Eltern zusammen sind oder zusammen wohnen. Wenn Kinder sich geliebt fühlen, dann fühlen sie sich auch sicher.

Es besteht also kein Grund, sich für das vermeintliche Wohl der Kinder aufzuopfern. Da gäbe man ein schlechtes Vorbild ab. Aber es gibt gute Gründe, zu ihnen zu stehen, auch wenn die Liebesbeziehung beendet ist.

Kommunikation

Eine Beziehung kann als eine beständig stattfindende Kommunikation betrachtet werden – als die Kommunikation von Liebe.[9] Wie wird die Liebe mitgeteilt?

Mit meiste Liebeskommunikation verläuft nonverbal, durch Gesten und Handlungen. Natürlich spielen auch Worte eine große Rolle, aber vor allem werden Zärtlichkeiten, Blicke, Lächeln ausgetauscht. Es wird viel Aufmerksamkeit füreinander aufgebracht. Wenn ein Partner auf solche Weise erfährt, dass er in der Welt des anderen einen bevorzugten Platz einnimmt, dann weiß er auch, dass er geliebt wird. Dieser Platz wird niemand anderem angeboten, und das macht diese Liebe so besonders.

Nun hört man ja oft, die Liebe bedürfe ein hohes Maß verbaler Kommunikation. Doch hier ist Vorsicht geboten. Denn was gesagt wird, kann sowohl zu Verbundenheit als auch zu Getrenntheit führen, je nachdem, um was es sich handelt. Deshalb konzentrieren sich frisch Verliebte auf Verbindendes und lassen Trennendes außer Acht. Sie spüren, dass es nur so möglich ist, sich einzulassen. Auf diese Weise entsteht der Eindruck, sich völlig zu verstehen.

Kommunikation hat also nicht nur mit Mitteilungen zu tun, sondern auch mit Weglassungen. Und vor allem mit der Deutung von beidem. Kommunikation, die der Deutung dient, die Unverständnisse klären oder Missverständnisse auflösen soll, kann auch der Liebe dienen.

Aber auch dann muss vieles unbeachtet bleiben, müssen die Partner „fünf gerade sein lassen", nachsichtig und großzügig miteinander umgehen – zumindest wenn sie den Eindruck gewinnen wollen, sich zu verstehen und sich 'ganz' zu meinen. Und der scheint für die Liebe unerlässlich zu sein.

Siehe auch die Übungen zur Verständigung.

---

9   Siehe hierzu 'Liebe leben' als Print oder eBook.

Kompromisse

Die Rede vom Kompromiss, der in Beziehungen angeblich nötig sei, ist weit verbreitet. Doch so einfach ist die Sache nicht.

Der Kompromiss kann einer Beziehung ebenso schaden wie nutzen. Um das zu verstehen, ist eine Unterscheidung nötig, die zwischen Partnerschaft und Liebe.

Die partnerschaftliche Liebe beruht auf einem gemeinsamen Lebensprojekt, etwa der Familie oder der Alltagsbewältigung. Jeder Partner trägt zum gemeinsamen Projekt etwas Gleichwertiges bei. Beim Vergleich der jeweiligen Leistungen spielen Verhandlungen und Einigungen und daher auch der Kompromiss eine große Rolle. Man kann beschließen, wer die Wäsche macht, wer die Autos repariert und wie mit dem Geld umgegangen wird, und wenn man dabei zu Kompromissen bereit ist, finden sich als gerecht empfundene Lösungen, die die Partnerschaft stärken.

Dagegen ist es völlig sinnlos zu fordern: „Weil ich mich nach dir sehne, musst du mich begehren" oder zu vereinbaren: „Ich vermisse dich dienstags und du mich freitags". Es bringt auch ebenso wenig, voneinander Liebesbeweise zu fordern, weil man Liebe nicht einfordern, sondern nur ersehnen kann.

In der emotional/leidenschaftlichen Liebe machen Kompromisse und Verhandlungen keinen Sinn, weil man Liebe nicht *leisten* kann. Die emotionale Liebe wird *geschenkt*. [10]Liebende schenken und hoffen auf Erwiderung ihrer Geschenke; und gerade weil es keinen Anspruch darauf gibt, ist das Geschenk der Liebe so wertvoll.

Man kann in der Liebe nicht schachern, aber man kann Opfer für den Partner bringen, wenn man will. Wer „aus Liebe" Kompromisse macht, der landet in der Selbstverleugnung und nimmt das dann dem Partner übel.

---

10   Siehe hierzu 'Liebe leben' als Print oder eBook

Kritik

Eine mitunter schwer zu verdauende Tatsache besteht darin, dass der Partner ein anderer Mensch mit eigenen Wünschen, Zielen und Ansichten ist.

Der Partner funktioniert nicht immer und will das auch gar nicht. Versuche, ihn mittels Kritik in die eigene Weltsicht und eigene Lebensgewohnheiten einzuordnen, stoßen daher meist auf heftigen Widerstand.

Ein verbreiteter Fehler beim Kritisieren besteht darin, statt ein Verhalten eine Person zu beschreiben und aus sie zu schießen. Dann wird aus jemand, der zu spät kommt, ein „rücksichtsloser Egoist" oder aus jemand, der nicht gerne tanzen geht ein „träger Sack".

Gegen solche Etiketten, mit der seine Persönlichkeit beklebt wird, wehrt sich der Partner. Die Persönlichkeit lässt sich außerdem durch Kritik nicht ändern, sie hat Gründe, so zu sein; und der gut gemeinte Vorsatz, ab morgen „ein anderer" zu werden, scheitert mit schöner Regelmäßigkeit.

Kritik sollte demnach nicht auf die Person, sondern auf das Verhalten des anderen zielen. Statt zu behaupten: „Du bist ein Egoist", könnte man sagen: „Ich finde das Verhalten x und y egoistisch". Wer das im Eifer des Gefechts nicht schafft, der sollte zumindest seine Wahrnehmung verdeutlichen. „Für mich trittst du wie ein Egoist auf" oder „Für mich ist das Egoismus." Dann tritt er nicht als Wahrheitsverkünder auf, sondern macht seine eigene Deutung deutlich.

Bei solcher Kritik sollte man es aber nicht belassen. Besser wäre es, auch die eigenen Erwartungen kundzutun, etwa „Ich wünsche mir, dass du mich in deine Freizeitplanung mit einbeziehst, und konkret meine ich damit x und y". Zu solchen konkreten Vorstellungen kann sich der Partner verhalten, kann zustimmen, ablehnen oder verhandeln, ohne sich als Person infrage gestellt zu fühlen. Er wird es danken.

Siehe die Übung „Kritik konkretisieren".

Langeweile

Das Gedicht von Rilke „Der Panther" zeigt, wie Langeweile erlebt wird.

„Der weiche Gang geschmeidig starker Schritte, der sich im allerkleinsten Kreise dreht, ist wie ein Tanz um eine Mitte, in der betäubt ein großer Wille steht."

Was ist los mit dem Panther? Er kann sein Leben nicht leben, ihm ist in einem Käfig zu Tode langweilig.

Wer Langeweile erlebt, befindet sich gleichsam in einem solchen Käfig, nur mit Gitterstäben aus Verboten und Zwängen. Die Arbeit ist langweilig? Aber ich muss von etwas leben! Die Beziehung ist langweilig? Aber ich muss doch Rücksicht nehmen!

Allerdings ist hier niemand in einen Käfig gesperrt worden, der Betreffende ist selbst hineingegangen. Nun steht sein Wille wie betäubt in einer Mitte, umgeben von Verboten.

Als wenn es nur diese eine Möglichkeit des Verhaltens gäbe! Als ob sich alle Menschen in solchen Situationen so verhalten würden! Als ob kein Wagnis und kein Schritt aus der Gewohnheit hinaus möglich ist! Als ob es folgenlos möglich wäre, eigene Lebensimpulse zu behindern! Die Folgen der Verbote sind Spannungen und Unzufriedenheit.

Wer der Langeweile entkommen will, muss sich Erlaubnis geben. Wozu? Dazu braucht es keine Grübelei, dazu kann man sich von seinen Impulsen, Sehnsüchten und Tagträumen beraten lassen. Am liebsten nämlich würde ich ... mit Routinen brechen, das eine oder andere Risiko eingehen, einen Schritt ins Unbekannte tun, etwas Verrücktes machen.

Am liebsten würde ich ... ein Panther sein ... ein Vogel ... ein Delfin. In jedem von uns lebt eine Kraft, eine ganz bestimmte Fähigkeit, die gelebt werden will. Wenn Sie an den Gitterstäben rütteln, entsteht Langeweile als spürbare Anstrengung im Versuch, sich selbst zu zähmen.[11]

---

11   Siehe hierzu das Arbeitsbuch 'Anleitung zum Erfolg' als Print

Leidenschaft

Verliebte erleben die größte Leidenschaft – eine erotische, sexuelle, sinnliche und tief emotionale Leidenschaft.

Erfahrungsgemäß hält dieses intensive Gefühl nicht an, weshalb die Verliebtheit oft bespöttelt oder abgewertet wird. Dies sei nicht die wahre, die echte, die reife Liebe. Mag sein. Aber wollen wir überhaupt so reif und abgeklärt sein?

Die Menschen scheinen auf Leidenschaft jedenfalls nicht verzichten zu wollen, heute weniger denn je. Was macht sie so wichtig? Ich meine, sie bietet in einer von Unbekanntem und Ungewissheiten scheinbar bereinigten Welt eine der letzten erreichbaren Möglichkeiten, am Abgrund zu stehen und das Leben als unmittelbar und aufregend zu erleben.

Der von sinnlicher Leidenschaft ergriffene Mensch verlässt die Welt des Denkens und Planens, den Kopf. Er fühlt, riecht, berührt, spürt. Sein Bewusstsein ist von unmittelbaren Wahrnehmungen ausgefüllt, in denen er zu verschwinden scheint. Leidenschaft bietet ein Bad im „Hier und Jetzt".

Leidenschaft befreit aus der alltäglichen Gewohnheit, und deshalb wird leidenschaftsloser Sex auf die Dauer als langweilig empfunden. Paaren in Dauerbeziehungen fällt es schwer, aus ihren sexuellen Gewohnheiten auszuscheren.

Moderne Sexualtherapeuten empfehlen Paaren, die aus ihrer Beziehung verbannte und durch gegenseitige Rücksichtnahme gebändigte Gefahr zu reaktivieren. Dazu sollen die Unterschiede in sexuellen Stilen und Vorlieben in den erotischen Kontakt eingebracht werden.

Die Verweigerung sagt: „Ich will *das* nicht mehr!" Die Leidenschaft geht weiter und sagt: „Ich will etwas *wagen*." Hinweise zu Wagnissen finden sich in den Fantasien der Partner, in ihren unerfüllten Wünschen und Sehnsüchten.

Was würde ich tun, wenn ich aus den gewohnten Bahnen ausbreche? Wer bin ich in meinen Träumen? Und was heißt es, dieser im Alltag zu sein?

Liebe

Ein großes Wort, zu dem es unzählige Definitionen gibt. Ich verzichte in der Beratung darauf, den Leuten zu sagen, was Liebe angeblich ist und was nicht.

Liebe ist für mich ein Sammelbegriff, dessen Kern im Empfinden der Verbundenheit liegt. Deshalb gibt es für mich nicht die eine Liebe, sondern verschiedene Formen der Verbundenheit.

In Beziehungen komme ich mit der Unterscheidung von drei Liebesformen aus, nämlich der partnerschaftlichen, der freundschaftlichen und der leidenschaftlichen Liebe.

Ich habe mir abgewöhnt, an eine wahre, einzige, echte, wirkliche oder der wahrhaftige Liebe zu glauben. Mich interessiert vielmehr, wie ein ganz bestimmter Mensch liebt, welche Sehnsüchte er hat, wie er Verbundenheit erlebt, zu sich selbst und zu seinem Partner, in welche Konflikte er dabei gerät und welche Lösungen sich in diesen Konflikten anbieten.

Es gibt die 'eine' Liebe nicht.[12] Die Geschichte ist voller unterschiedlicher Liebesformen, und wie die Liebe gelebt wird, hängt von den jeweiligen sozialen, ökonomischen und familiären Umständen ab. Zweifellos ist das Bedürfnis zu lieben natürlich, aber für die Art und Weise, in der es sich erfüllt, hat die Natur keine Formen festgelegt.

Wozu braucht der Mensch die Liebe? Weil er in sich selbst, in seiner Psyche, seinem Körper, seinem Bewusstsein eingeschlossen ist und dort ein isoliertes Dasein führt. Aus dieser Eingeschlossenheit in sich selbst gibt es kein Entkommen.

Aber es gibt die Möglichkeit, das Bewusstsein mit etwas anderem zu füllen als mit der Selbstwahrnehmung – mit Wahrnehmungen der Verbundenheit zum geliebten Menschen. Zu lieben bedeutet, sich auf den anderen zu beziehen, auf das, war er nur dem Menschen zeigt, den er liebt.

---

12   Siehe hierzu 'Liebe leben' als Print oder eBook

Macht/Ohnmacht

Macht setzt die Fähigkeit voraus, etwas machen zu können. Insofern verfügt jeder Mensch über ein mehr oder weniger großes Potenzial an Macht.

Schaut man auf das Individuum, ist Macht eine Fähigkeit. In Beziehungen zu anderen Menschen allerdings beschreibt Macht ein Verhältnis. Was kann oder darf der eine tun und was der andere nicht? Dazu gibt es unausgesprochene Vereinbarungen. Daher gilt für Paarbeziehungen: kein Partner hat Macht über den anderen. Er bekommt sie verliehen.[13]

Nun verleiht niemand etwas so Wertvolles wie Handlungshoheit ohne Grund. Hinter dem Machtverleih steckt ein Kalkül. Der Machtverleiher verspricht sich etwas davon, wenn er auf die Ausübung seiner Macht verzichtet und sich anpasst. Er verspricht sich einen Vorteil oder die Vermeidung eines Nachteils. Von seiner Unterordnung in einer Beziehung verspricht er sich beispielsweise Liebe oder Schutz.

Die Macht des einen Partners lebt von der Kalkulation oder Angst des anderen. Nur wenn ein Partner das Spiel mitspielt, zum Beispiel als „Angepasster", kann der andere Partner seine Macht als „Bestimmer" ausüben; und so wie ein Partner seine Macht verleihen kann, kann er diesen Vertrag auch wieder kündigen. Sich zu beklagen reicht dazu allerdings nicht aus. Die Rücknahme der Macht erfordert es, etwas zu tun, nämlich selbst zu handeln.

Wenn einer dem andern vorwirft: „Du bestimmst immer alles", beschwert er sich darüber, dass der Partner von der ihm verliehenen Macht Gebrauch macht. Besser wäre es, selbst zu bestimmen und für sich zu bestimmen.

Der Rücknahme der Macht geschieht, indem man das Spiel nicht mehr mitspielt. Indem man nicht tut, was der andere sagt oder will, sondern was man selbst will. Dann steht der bisher Machtvolle machtlos da. Eine gute Erfahrung.

---

13   Siehe hierzu 'Hilfe mein Partner ist dominant' als Print oder Ebook

Machtkämpfe

Zu Beginn einer Beziehung werden Machtkämpfe vermieden, weil sonst keine Beziehung entstehen könnte.

Wenn sich die Illusion, immer an einem Strick zu ziehen und immer das Selbst zu wollen, irgendwann auflöst, brechen häufig Machtkämpfe aus. Sie entstehen auch dort, wo eine bisher geltende Reglung aufgekündigt oder eine liebe Gewohnheit gebrochen wird.

Einen Machtkampf kann man in einer Beziehung gewinnen, aber ganz sicher nicht folgenlos und meist nicht auf Dauer. Eine Frau, die sich 25 Jahre lang anpasst, mag sich im fortgeschrittenen Alter scheiden lassen, und ihr Mann fällt dann aus allen Wolken. „Es war doch alles in Ordnung!" Vielleicht für ihn, er konnte sich durchsetzen, aber nicht für sie, und nun muss er die Rechnung bezahlen. Macht ist ein zweischneidiges Schwert.

Machtkämpfe in Beziehungen sollten nicht vermieden, sondern auf ihren Kern hin geführt werden. Worum kämpft der eine, worum kämpft der andere? Welche Missverständnisse bestehen bezüglich unserer Absichten und Ziele? Was muss gegenseitig wahrgenommen und anerkannt werden? Wo sind wir unterschiedlich und wie können wir das anerkennen?

Wenn Machtkämpfe dauerhaft und ohne Lösung geführt werden und keiner der Partner nachgibt, dann kämpfen beide womöglich um etwas für sie Unverzichtbares. Etwas, das wahrscheinlich wichtiger ist als die Beziehung. Das kann der eigene Stolz sein, die eigene Würde oder etwas vergleichbar Wichtiges. Fast immer kämpft jeder um ein Gefühl.

Die Botschaft an den Partner lautet dann: „Bevor ich das aufgeben, gebe ich die Beziehung auf!" Solch ein Machtkampf kann nur beendet werden, wenn jedem klar wird, dass der andere nicht nachgeben wird, und indem er das würdigt, worum der andere kämpft. Wenn es jedoch gelingt klarzumachen, was das Unverzichtbare für beide ist, öffnen sich gewöhnlich andere Wege, mit dem Thema umzugehen.

Männer und Liebe

Erleben Männer die Liebe anders als Frauen? Ja und nein.

Nein, weil die Evolution den Geschlechtern keine Vorgaben bezüglich ihres Liebeserlebens macht. Ja, weil im Laufe der Geschichte ein Rollenverhalten entstanden ist, das Männern und Frauen unterschiedliche Erfahrungen mit der Liebe beschert.[14]

Der erste Mensch des anderen Geschlechts, den jeder Mann in seinem Leben liebte, war seine Mutter. Ihr bewundernder Blick auf den Jungen als „kleinen Mann" hat wesentlich zum Aufbau seiner Identität beigetragen. Doch die Mutter war für ihn viel mehr: Sie war Allmacht, ihr musste er sich unterordnen, vor ihrem kontrollierenden Blick in sein Inneres hat er sich oft versteckt oder ist vor ihm geflüchtet. Seither ist Liebe für ihn mit der Erfahrung der Enge verbunden.

Diesen *Zusammenhang von Liebe und Enge* nehmen Männer mit ins Erwachsenenleben. Das heißt, dass ein Mann, der liebt, auch befürchtet, früher oder später beengt zu werden.

Die Klagen der Männer: „Frauen lassen uns keine Ruhe, sie wollen ständig Aufmerksamkeit, alles soll sich um sie drehen, sie sind nie zufrieden" sprechen diesbezüglich Bände.

Um der befürchteten Enge vorzubeugen, hält der Mann die Frau auf Abstand. Er sucht seine Freiheit, und Freiheit ist da, wo die Frau nicht ist. Er lässt seine Frau nicht zu nah an seine Gefühlswelt heran – und provoziert damit, dass die Frau sich verunsichert oder vernachlässigt fühlt und ihn bedrängt. Er provoziert das Verhalten der Frau, unter dem er leidet.

Der Ausweg? Der Mann sich mit seinen Gefühlen *in der Beziehung* behaupten. Wenn er fünfzig Prozent der Gefühlswelt in seiner Beziehung für sich beansprucht, bekommt er innere Freiheit und seine Frau die ersehnte Orientierung.

Wie das geht? Tu so, als ob du sie nicht *so sehr* brauchst, dass du dich vor ihr verstecken musst.

---

14   Siehe hierzu "Wie Männer und Frauen die Liebe erleben' als Print oder eBook.

Metakommunikation

Kommunikation dient der Mitteilung und Verständigung. Sie hat ihren Zweck erfüllt, wenn Partner den – im strengen Sinne unmöglichen - Eindruck gewonnen haben, sich zu verstehen.

Wenn dieser Eindruck ausbleibt, wird eine Kommunikation endlos oder fruchtlos und Streit bricht aus. Vorwürfe fliegen hin und her, Standpunkte werden ausgetauscht, Diskussionen geführt, ein Partner setzt sich ins Recht und den anderen ins Unrecht. Alles dreht sich sinnlos im Kreis.

In solch einer Situation kann Metakommunikation helfen. Dann redet man nicht über ein Thema, sondern über die Art und Weise des Umgangs bzw. des Sprechens miteinander. Dann stellt man die Suche nach Lösungen zurück fragt sich:

– Worum geht es hier eigentlich?

– Was ist das Thema, über das wir streiten?

– Oder hat jeder sein eigenes Thema?

– Welche Standpunkte werden hier vertreten?

– Warum kommt es nicht zu einer Verständigung?

– Wie gehen wir miteinander um, wie sprechen wir?

– Was müsste geschehen, damit sich jeder verstanden fühlt, und was erfordert das von uns?

Metakommunikation soll Distanz zu starken Gefühlen herstellen und einen Überblick über die Situation verschaffen. Sich zurückzunehmen, über die Lage zu reflektieren kann emotional aufgeladene Situationen entschärfen und die Richtung zeigen, in der Lösungen zu finden sind.

Ein mögliche Lösung könnte übrigens auch lauten: „Es ist klar, dass wir uns an diesem Punkt nicht einig werden." Die Partner verstehen, dass sie unterschiedlich sind. Auch das ist eine Form des Verstehens und Akzeptierens.

Siehe die Übung „Was ist eigentlich los mit uns".

Paarberatung

Der Markt der Beratung ist ein Markt unbegrenzter Möglichkeiten. Sie bekommen dort alles versprochen, was Sie sich erträumen.

Vorsicht ist daher angebracht. Jede Paarberatung findet auf dem Hintergrund eines bestimmten Glaubenssystems statt. Alle Therapeuten glauben bestimmte Dinge und folgen bestimmten Konzepten, keiner hat den Stein der Weisen.

Wer glaubt, für eine Beziehung sei Sexualität wichtig, der wird versuchen, die sexuelle Beziehung seiner Klienten in Gang zu bringen. Wer dagegen glaubt, Missverständnisse seien die Ursache von Paarproblemen, der wird an der Kommunikation der Partner arbeiten. Wie auch immer – Sie sollten wissen, mit welchem Glaubenssystem Ihr Berater arbeitet und Sie es für sinnvoll halten.

Misstrauen Sie einer Beratung, in der verabsolutierende Begriffe wie *wirkliches* Vertrauen, *echte* Offenheit oder *wahre* Liebe gebraucht werden. Hier will ihnen jemand sein Konzept verkaufen und Sie in seine Sicht der Dinge einordnen.

Misstrauen Sie auch Beratern, die Ihnen Lösungen vorgeben. In einer guten Beratung sollten Sie die Lösungen selbst finden, denn die Lösung ist im Problem versteckt.

Die Kunst der Beratung besteht meiner Ansicht nach darin, jemanden entdecken zu lassen, welchen Lösungsansatz er unbewusst bereits entwickelt hat. Dabei geht es erst in zweiter Linie darum, was getan werden sollte und was nicht. Wichtiger ist zu entdecken, *wer* Sie in Ihrer Beziehung sind und *wer* Sie zukünftig sein wollen. Eine Offensive statt eine Zurückhaltende? Eine Selbstbewusste statt eine Mitmacherin? Ein Einfühlender statt ein Grobian? Ein Respektvoller statt ein Drohender?

Wenn Sie wissen, wer Sie sein wollen, weiß dieser genau, was er zu tun und zu lassen hat.

Siehe die Übung „Wer war ich – wer will ich sein?"

Partnerschaft

Die Ehe stellt in ihrem Ursprung ein Vertragsverhältnis dar.

Es gibt die Ehe erst, seit es das Privateigentum und damit das Interesse an der Vererbung gibt. Kinder sollten das Vermögen der Eltern erben und diese im Alter versorgen. Die Ehe war über Jahrtausende als Produktions– und Versorgungsgemeinschaft gedacht und wurde auch so gelebt. Sie diente der Produktion von Kindern und Gütern.

Das klingt für uns so unromantisch wie die Ehe einst war. Emotional/leidenschaftliche Liebe war bis zur Romantik aus der Ehe verbannt.[15] Auf romantische Liebe mussten die Menschen damals dennoch nicht verzichten, sie wurde als „reine" Liebe außerhalb der Ehe gelebt. Von Ehepartnern wurde erwartet, dass sie sich ihre jeweiligen Aufgaben und Pflichten erfüllen. Die leidenschaftliche Liebe war in der Ehe unerwünscht, weil sie deren Haltbarkeit gefährdete – eine Erkenntnis, die vom heutigen Trennungsverhalten bestätigt wird.

Heute soll die Ehe auf Liebesgefühlen beruhen, einschließlich der Leidenschaft. Dennoch sind Beziehungen nicht von partnerschaftlichen Aufgaben befreit, zumindest dann nicht, wenn die Partner den Alltag miteinander bewältigen und sich vielleicht sogar gegenseitig materiell absichern. Und schon gar nicht, wenn sie eine Familie bilden.

Die **partnerschaftliche Liebe** fordert Verlässlichkeit und die Bereitschaft, Lasten und Pflichten gleichwertig zu verteilen. Hier werden Leistungen verglichen und es soll dabei gerecht zugehen. Hier können Kompromisse ausgehandelt und Vergleiche geschlossen werden.

Nur wer diese Liebe mit der **freundschaftlichen** oder gar der **leidenschaftlichen** Liebe verwechselt, der kann sich Ärger einhandeln. Ein Liebhaber oder Freund muss kein guter Partner sein.

---

15   Siehe hierzu '5 Lügen die Liebe betreffend' als Print oder eBook.

Probleme

Man braucht nicht darum herumzureden: Wer ein Problem hat, der ist irgendwie gescheitert. Für den hat sich eine Erwartung nicht erfüllt.

Die zum völligen Scheitern verurteilte Erwartung lautet allerdings: man kann Probleme vermeiden. Das Gegenteil ist wahr. Probleme sind besser als ihr Ruf. Sie werden gebraucht, damit das Leben weitergehen kann.[16]

Ein Virus schwimmt völlig selig in einer Blutbahn, bis ihm ein Medikament oder die Immunabwehr begegnet. Jetzt hat er ein Problem. Entweder er verändert sich oder er geht unter. Natürlich ist der Virus in seiner alten Form gescheitert, aber es geht für ihn weiter, weil er sein Problem bemerkt und sich darauf einstellt.

Die schlichte und unbequeme Wahrheit lautet: Wer sich ändern will, braucht ein Problem. Oder: Wer ein Problem hat, muss sich ändern. Sonst geht es für ihn nicht weiter.

Auch in Paarbeziehung lassen Probleme nicht lange auf sich warten. Das größte Problem für jede Beziehung sind nämlich die Partner selbst! Sie bleiben nicht, wer sie waren, sie verändern sich. Sie verändern ihre Bedürfnisse, Pläne, Gewohnheiten, Sehnsüchte; und zu allem Überfluss verändern sie sich ungleichzeitig oder in verschiedene Richtungen. Individuelle Veränderungen können eine Beziehung stark beeinträchtigen.

Ein Beziehungsproblem ist demnach der Hinweis darauf, dass sich auf der einen oder anderen Seite etwas verändert hat. Da hilft kein Streit und kein Vorwurf, da hilft nur Neugierde. Was hat sich bei dir bzw. bei mir verändert, dass unsere Beziehung so ist, wie sie jetzt ist?

Paare bleiben nicht zusammen, weil sie alles richtig machen. Sie bleiben zusammen, solange sie die Bereitschaft haben, ihre Probleme gemeinsam zu bewältigen.

16　Zur Funktion des Scheiterns siehe 'Das Leben lässt fragen, wo du bleibst!'

Psychotherapie

Partner einander eine Menge Gutes tun. Das ergibt sich aus den freundschaftlichen Aspekte der Liebe.

Sie können einander manche alte Wunde heilen, die aus der persönlichen Geschichte stammt. Sie können einander in der persönlichen Entwicklung unterstützen. Partner können ihre Kommunikation verbessern, an ihrem Umgang miteinander arbeiten, sich ihre Sehnsüchte offenbaren und vieles mehr.

Die Liebe ist aber auch heikel. Sie ist kein „reines", unbelastetes Empfinden, sondern gleicht eher einem Paket, in dem alle möglichen Erfahrungen und Erinnerungen untergebracht sind. Dazu gehören unangenehme Dinge wie Ängste, Urteile, heftige Gefühlsreaktionen, Wut und auch Hass.

Wer sich auf die Liebe einlässt, der macht gleich zwei Pakete auf und wird mit deren Inhalt konfrontiert, sein eigenes und das Paket des anderen. Je tiefer er sich auf den Partner einlässt, je tiefer er im Paket wühlt, desto mehr Einfluss können vergangene Lebenserfahrungen gewinnen, manchmal mehr, als die Partner miteinander handhaben können.

Eine Frau zündete die Beziehung an, wie sie es nannte. Aus dem Nichts heraus unterstellte sie ihrem Mann, er würde sie nicht mehr lieben, sobald sie älter sei und Falten bekäme, und machte ihm dafür heftige Vorwürfe. Ihr Mann konnte mit diesen Ausbrüchen nicht umgehen und sollte das auch nicht. Die Frau brauchte Psychotherapie.

Ein Mann bedrängte seine Freundin massiv, ihn zu heiraten und endlich mit ihm zusammen zu ziehen. Er hielt eine Unsicherheit nicht aus und war dabei, seine Beziehung zu zerstören. Ihm half eine Psychotherapie.

Es gibt Themen und Probleme, die kann jeder nur für sich selbst regeln, aber nicht unbedingt mit sich selbst. In solchen Fällen kann eine individuelle Therapie der Beziehung viele Belastungen ersparen. Und es gibt keinen Grund, nur für die körperliche Gesundheit Hilfe in Anspruch zu nehmen und die Seele sich selbst zu überlassen.

Recht haben

Partner können endlos streiten, wer recht oder unrecht hat.

Das sind meist vergebliche Versuche, eine gemeinsame Wahrnehmung herzustellen. Tatsache ist aber, dass jeder den gleichen Sachverhalt anders sieht. Daran lässt sich nicht rütteln. Es macht absolut keinen Sinn, die Wahrheit des anderen anzuzweifeln, weil es in Beziehungen eben nicht nur eine, sondern stets *zwei* Wahrheiten gibt.

Anstatt nun recht haben zu wollen könnten sich die Partner darüber wundern, „wie ich" die Sache sehe und erlebe und „wie du" da tust. Man braucht die Wahrnehmung des anderen *nicht* zu teilen, man braucht sie auch *nicht* zu verstehen, es kommt vor allem darauf an, sie zu respektieren.

Der andere mag dann erläutern, was ein Wort oder ein Vorgang für ihn bedeutet. So wird aus der Behauptung: „Ein Streit ist doch nichts Schlimmes" die Differenzierung, dass für den einen Streit nicht schlimm ist, für den anderen aber schon; und dann kann man die unterschiedlichen Bedeutungen erforschen.

Der Schlüssel, um eine Rechthaberei zu beenden liegt in der gegenseitigen Anerkennung unterschiedlicher Sicht– und Erlebensweisen. Da führt kein Weg daran vorbei!

Sind die unterschiedlichen Sicht– und Erlebensweisen anerkannt, steht „nur" noch die Frage im Raum, wie damit umgegangen werden soll. Das hat mit einer Einigung und nicht mit Rechthaben zu tun, wobei eine Einigung auch darin bestehen kann, sich nicht einig zu sein oder das nicht sein zu wollen.

Man kommt eben nicht überall zusammen, und einiges kann man vielleicht stehen lassen. Hält das Rechthabenwollen an und bleibt die Anerkennung unterschiedlicher Sichtweisen aus, will sich ein Partner wahrscheinlich auf Kosten des anderen durchsetzen. Dann läuft ein Machtkampf ab.

Siehe die Übung „Streit deeskalieren".

Resignation

Resignation wird allgemein als negativ empfunden, denn man gibt etwas auf. Dabei ist es oft dringend nötig, ein Verhalten aufzugeben, das nicht funktioniert. Resignation bedeutet dann das Ende sinnlosen Bemühens und vergeblicher Kraftverschwendung und kann daher überaus positiv sein.

Die meisten, die ein sinnloses Verhalten aufgeben, glauben allerdings, sie müssten damit das Ziel aufgeben, das sie verfolgten. Doch das stimmt meist nicht. Was sie aufgeben müssen ist die Art und Weise, in der sie das Ziel bisher erreichen wollten.

„Ich habe es aufgegeben, meinem Mann zu sagen, er soll seine Wäsche nicht in der Wohnung herumliegen lassen", sagte eine Frau, die mit dieser Resignation zufrieden schien. Was machte sie stattdessen? *„Ich wasche nur noch die Sachen, die im Kleiderkorb sind. Es hat einige Wochen gedauert, aber seither liegt nichts mehr herum."*

So heilsam kann Resignation sein, wenn man sein Ziel im Auge behält, sein eigenes Verhalten – und nicht den Partner – infrage stellt und Alternativen zum bisherigen Verhalten sucht.

Resignation ist in dem Fall eine Kapitulation vor der eigenen Verbissenheit und Starrheit. Sie wird gebraucht, weil erst dann ein neues Verhalten gesucht wird, wenn zweifelsfrei feststeht, dass das alte nicht funktioniert. Resignation ist eine unfreiwillige Einsicht.

Es ist also gar nicht so leicht zu resignieren. Niemand will in einem Loch namens „Mir fällt nichts anderes ein" hängen. Aber so ein Loch wird gebraucht, damit es sich mit neuen Ideen füllen kann und Neues versucht wird.

Geben Sie auf, wenn etwas partout nicht klappt. Machen Sie sich Gedanken über Ihr Ziel und suchen Sie nach Alternativen, wie Sie es erreichen können. Es gibt immer mehr als nur eine Möglichkeit. Probieren Sie verschiedene aus.

Respekt

Nicht wenige Partner beklagen sich über eine respektlose Behandlung, nur wenige geben zu, den anderen respektlos zu behandeln. Das ist ziemlich normal.

Jeder wünscht sich Respekt vom Partner. Ebenso gut kann man sich Selbstbewusstsein von ihm wünschen. Nur – der Partner kann einem kein Selbstbewusstsein geben, das muss man haben. Und er kann einem keinen Respekt geben, er kann ihn höchstens zollen. Das Wort ist aufschlussreich.

Nur wer etwas *zollt*, wer etwas zahlt, darf die Grenze überschreiten. Wer seine Grenzen immer bedingungslos offen hat, muss sich nicht wundern, wenn sein Land unerwünscht betreten und dort Müll abgeladen wird.

Respekt bekommt man im Notfall nicht geschenkt, man muss sich ihn verschaffen. Es nutzt nichts, sich über den Partner zu beklagen und ihm gleichzeitig jede Form der Grenzüberschreitung, Beleidigung und Herabwürdigung zu gestatten. Wer sich unterwürfig verhält, dem wird auf Dauer kein Respekt gezollt.

Respekt will verdient sein. Er ist nicht umsonst zu haben. Man verdient ihn, indem man zu sich steht, egal was der Partner davon hält. Wer sagt: „So bin ich und so will ich sein!" respektiert zuerst einmal sich selbst, und dafür verdient und bekommt er Respekt, wenn auch nicht unbedingt Applaus.

Anpassung und Unterordnung um der Liebe willen führen zur **Abhängigkeit**, und schließlich will man als der geliebt werden, der man ist. Dazu muss man sich als der zeigen, der man ist.

Wer an seinen Partner den Vorwurf der Respektlosigkeit richtet, sollte sich fragen, wofür er Respekt verlangt. Für die eigene Meinung? Für ein Gefühl? Für eine Sehnsucht? Für eine bestimmte Seite seiner Persönlichkeit? Das muss respektiert werden, nicht verstanden oder gemocht.

Siehe die Übung „ Wer bin ich – wer will ich sein?"

Rituale

Paare entwickeln eigene Rituale und freuen sich daran. Das sonntägliche Frühstück im Bett. Der gemeinsame Spaziergang, wenn es etwas zu besprechen gibt. Das gemeinsame Essen in einem guten Restaurant, wenn es etwas zu feiern gibt. Der gemeinsame Tatort–Krimi am Sonntagabend. Mit Rituale zelebrieren Partner Zusammengehörigkeit.

Ein Paarritual ist ein Handlungsablauf, der nur diesen beiden Menschen vorbehalten ist. Da sich Rituale in den meisten Fällen ungeplant und unbewusst entwickeln, stellt man irgendwann fest, eins zu haben.

Ebenso unbemerkt verblassen sie und dann bemerkt man irgendwann, eines zu vermissen. Die Ursache dafür, dass ein vertrautes und lieb gewonnenes Ritual nicht mehr praktiziert wird, könnte in äußerlichen Veränderungen, in individuellen Veränderungen oder in einer Veränderung der Beziehung liegen. In dem Fall hätte ein Ritual seine Schuldigkeit getan.

Aber wie entwickelt man neue Rituale und sollte man das überhaupt versuchen? Ich glaube nicht, dass es sinnvoll ist, Rituale bewusst zu entwerfen. Der aufrufende Punkt ist meiner Ansicht nach der empfundene Mangel an Zusammengehörigkeit, also die Sehnsucht nach etwas. Wenn Partner sich diese Sehnsucht eingestehen und sich mitteilen, was sie vermissen, können sich Ansatzpunkte für neue Rituale ergeben. Solch ein Ansatzpunkt wäre die die *Lust auf* etwas und nicht der theoretische Anspruch, dass Paare Rituale bräuchten.

Wer mitteilt, was er vermisst, sollte sich allerdings nicht auf die äußerlichen Abläufe beschränken. Dass man in jenen Wald ging oder in diesem Restaurant aß, ist im Grunde nebensächlich. Wichtiger sind die innerlichen Abläufe, die vom Ritual erzeugt werden. Also wie man sich dabei fühlt, was es einem gibt und was es einem bedeutet. Diese Sehnsüchte sollten dem Partner mitgeteilt werden.

Ziel solcher Mitteilungen aus der Innenwelt ist es, einen Funken zu schlagen und etwas anzuzünden. Eine Idee.

Sehnsüchte

Sehnsüchte sind Hinweise auf einen gegenwärtig empfundenen Mangel, auf offene Bedürfnisse.

Sehnsüchte tauchen entweder als körperliches Gefühl oder in Form von Zukunftsvorstellungen auf. Beide Wahrnehmungen schieben sich unangemeldet ins Bewusstsein, sobald das Alltagsbewusstsein ihnen Raum zur Verfügung stellt. Dieser Mechanismus macht es unmöglich, Sehnsüchte zu kontrollieren. Man hat sie, oder nicht. Allerdings kann man ihnen die nötige Bedeutung verweigern.

Wer sich seinen Sehnsüchten nicht zuwendet und lange Zeit unerfüllt mit sich trägt, trägt zu ihrem stetigen Wachstum bei. Je nach Dringlichkeit und Dauer sind sie irgendwann in der Lage, das Bewusstsein zu trüben oder teilweise zu besetzten. Im Extremfall sorgen sie für Besessenheit.

Dann mag sich ein Partner immer stärker nach Kindern sehnen. Ein anderer nach einem Haus auf dem Land. Beide mögen von Karriere und Reichtümern träumen. Eine der größten Sehnsüchte in Beziehungen ist, möglichst alle Sehnsüchte miteinander stillen zu können. Das ist die bekannte und verbreitete Sehnsucht nach dem „richtigen" Partner, die ebenfalls zu einer Art von Besessenheit ausarten kann.

Auf einer tieferen Ebene geht es aber nicht darum, etwas bestimmtes zu haben, sondern jemand bestimmtes zu sein.[17] Haben und Sein sind nicht identisch. Man kann ein Haus haben und dennoch nicht geborgen sein, ein Kind haben und dennoch nicht verbunden sein oder einen Partner haben und dennoch nicht versorgt oder geliebt sein.

Wenn Sie von Sehnsüchten gequält werden, erforschen Sie, wer Sie sind und was Sie erleben, wenn sich die Sehnsüchte erfüllen würden. Lebendig? Selbstsicher? Gelassen? Verbunden? Entspannt? Dafür muss man nichts Bestimmtes haben, um das zu *sein* gibt es immer viele Möglichkeiten.

---

17   Siehe hierzu 'Lebe deine Träume' als Print oder eBook.

Seitensprung

Was ist nicht alles über den Seitensprung gesagt worden! Und wie ist er verteufelt worden! Dabei gibt es ihn, solange das Gebot zur Treue existiert. Bei einem Seitensprung geht die Welt nicht unter, auch wenn es sich für den Betrogenen so anfühlt. Sicherlich platzen Träume und Illusionen, und Versprechen werden gebrochen, aber das hat auch positive Seiten. Beispielsweise bringt ein Seitensprung Themen auf den Tisch, die darunter sicher verstaut zu sein schienen.

Ein Mann hatte eine Liebschaft und erklärte seiner verblüfften Frau, dass es dabei kaum zum Sex käme, dass er mit dieser Frau aber über alles reden könne. Er fühlte sich dort wahrgenommen und mit seinen Gefühlen akzeptiert.

Eine Frau berichtete, durch eine Affäre habe sie sich ihr Selbstbewusstsein zurückerobert. *„Seither kann mein Mann sagen, ich wäre zu alt, ohne dass ich an mir zweifle. Das ist sein Problem. Dem anderen war ich nicht zu alt."*

Natürlich wirft der Seitensprung Fragen auf, und das soll er auch tun. Die Frage allerdings: „Was hat der/die andere, was ich nicht habe?" ist wenig hilfreich, weil sie einen persönlichen Mangel unterstellt und von der Beziehung absieht.

Eine andere Frage bringt bessere Informationen. Sie lautet: „Was erlebst du dort, was du hier nicht erlebst?" Diese Frage zielt auf die eigene Beziehung ab und bringt die Partner dazu, sich mit deren Zustand zu befassen. Und wenn die Beziehung langweilig ist, macht es keinen Sinn, den Partner dafür verantwortlich zu machen. Schließlich sind beide daran beteiligt, denn eine langweilige Beziehung kann nur von langweiligen zurückhaltenden Partnern geführt werden.

So bringt mancher Seitensprung Lebendigkeit in die Beziehung. Manchen gelingt es, das für die Beziehung zu nutzen.

Wer sagt, „Das wollte ich nicht" redet sich raus. Jemand wollte das. Man kann dazu ebenso stehen wie zu dem Wunsch, die Beziehung zu erhalten oder zu verbessern.

Selbstlose Liebe

Die Vorstellung einer selbstlosen Liebe ist beliebt. Sicherlich auch deshalb, weil sie den, der vorgibt, auf diese Weise zu lieben, veredelt und über sich selbst erhebt.

Dabei ist schon die Formulierung: „Ich liebe selbstlos" in sich widersprüchlich. Wie kann ein Ich selbstlos sein, da es doch allein durch Abgrenzung entsteht, durch die Unterscheidung des Ich vom Du? Kann das Ich etwas anderes als das Eigene im Sinn haben? Wobei zum Eigenen selbstverständlich auch das Bedürfnis nach der Liebe gehört.

Und wozu sollte eine selbstlose Liebe gut sein? Die Aufgabe der Liebe besteht aus meiner Sicht darin, den Menschen aus den Grenzen seines Ich, aus der Isolation in sich, zu befreien. Das geschieht, indem er sich *auf die Verbindung* zum Du konzentriert, nicht aber auf das Du.

Das Du lernt man nie völlig kennen. Doch in der Verbindung zu ihm kann er sich auflösen, ohne je wirklich zu verschwinden, kann er sich verlassen und dennoch bei sich sein oder zu sich zurückkehren.

Die Auflösung des Ich, seine Grenzüberschreitung, die Liebe findet im Bewusstsein statt, wenn es von der Wahrnehmung der Verbindung erfüllt ist, wenn kein Platz für Selbstwahrnehmung und die Abgrenzungen des Ich vorhanden ist.

Selbstlos kann die Liebe schon deshalb nicht sein, weil sie sich nach Erwiderung sehnt. Bleibt diese Erwiderung aus, trocknen die Liebesgefühle auf Dauer aus.

In der Praxis der Beziehung dient die Behauptung der Selbstlosigkeit oft zur Manipulation des Partners, sie soll ihn zum Einlenken bewegen. „Ich habe alles nur für dich getan" ist bestenfalls eine Selbsttäuschung. Die Aussagen: „Ich habe das alles für unsere Beziehung getan" ist schon näher an der Wirklichkeit.

Für die Beziehung bedeutet: auch für mich und weil *ich* die Beziehung will.

Selbstverantwortung

Eine Beziehung bringt eine große Versuchung mit sich: die Versuchung, den Partner für sein Leben, seine Gefühle, seine Frustrationen, seine Enttäuschungen und Zukunftspläne verantwortlich zu machen, und außerdem die Versuchung, sich vom anderen für dessen Glück verpflichten zu lassen.

Wer so etwas auf exzessive Weise tut, muss entweder auf einen sinnlosen Machtkampf einlassen, oder sich trennen, oder er landet in Verbitterung.

Eine Frau, die sich über ihre bisherigen Männer beklagt und diese als Egoisten bezeichnet hatte, erfuhr mit einem neuen Partner, was es bedeutet, die Verantwortung für jemand angeboten zu bekommen.

„Er erklärte mir seine Liebe. Er sagte, er wäre endlich am Ziel seiner kühnsten Träume angekommen. Er würde ab jetzt nur noch für mich leben. Er schwor, mir jeden Wunsch zu erfüllen. Ich wäre jetzt alles, was für ihn zählt. Davon hatte ich immer geträumt. Aber anstatt mich zu freuen wurde mir flau im Magen, und ich wurde weiß wie Kalk."

Nein, es macht keinen Spaß, jemanden ständig auf Händen zu tragen, und wer sich auf Händen tragen lässt, kann keinen eigenen Schritt mehr tun. Er kann lediglich versuchen, seinen Partner zu manipulieren, damit der ihn dorthin trägt, wo er hin möchte. Er ist in Abhängigkeit geraten.

„Nein danke, ich möchte nicht alles für dich sein. Ich möchte nicht, dass dein Glück und dein Leben von mir abhängen. Ich möchte nicht für deine Selbstaufgabe verantwortlich sein. Ich möchte dich nicht auf Händen tragen. Du musst schon selbst laufen. Und ich möchte nicht von dir getragen werden. Ich bin nicht da, um dich glücklich zu machen, aber wenn es dich glücklich macht, mir zu begegnen, dann freut mich das. Und du bist nicht da, um mich glücklich zu machen, aber es kann mich glücklich machen, mit dir zu sein."

Selbstwert

Wenn Kinder auf die Welt kommen, erfahren sie ihren Wert durch die Reaktionen der Erwachsenen. Die einfachste und natürlichste Art, Kindern ihren Wert zu vermitteln, besteht darin, sie zu lieben. Das Kind erfährt seinen Wert also in erster Linie durch andere, aus deren Verhalten es seinen Selbstwert „zimmert".

Wenn ein Erwachsener das Gleiche tut, wenn er seinen Wert von der Bestätigung seines Partners abliest, verhält sich die Sache anders. Dann begibt er sich leicht in die Sklaverei der Selbstverleugnung. Er richtet sich auf den Partner aus, versucht dessen Erwartungen zu erfüllen, dessen Wünsche zu erahnen, dessen Sehnsüchte wahr werden zu lassen, um die ersehnte Bestätigung zu erlangen – und geht auf diese Weise nicht nur sich selbst, sondern auch seinem Partner verloren. Denn jetzt hat der Partner kein Gegenüber, an dem er sich reiben und erkennen kann – und damit auch niemanden, den er lieben kann. So verliert der Selbstverleugner die Liebe gerade im verzweifelten Versuch, sie zu bekommen.

Auf diesen Liebesverlust wird er mit Aggression und Hass reagieren, und in diesen Emotionen zeigt sich dann sein Wille, sich selbst zu bestätigen, sich selbst wertzuschätzen. Wut und Hass, die nicht gegen den Partner gerichtet, sondern für sich selbst genutzt wird, führt zur Selbstachtung.

Es scheint paradox, dass oft derjenige die Liebe erhält, der bereit ist sie, zu riskieren. Der ist seinem Partners nie sicher, der lässt sich nicht die Tasche stecken.[18]

Es gehört sicher zu den schwierigen Dingen, den eigenen Wert aus sich selbst zu schöpfen statt ihn vom Partner bekommen zu wollen. Um dahin zu kommen will mancher Konflikt durchgestanden sein.

Siehe die Übung „Wer war ich, wer will ich sein?"

---

18 Siehe hierzu 'Liebe leben' als Print oder eBook.

Sexualität

Man kann sich nur wundern, was über die Sexualität alles verbreitet wird. Die Aussage, sie stünde im Kern der Paarbeziehung und drücke die Liebe zwischen Mann und Frau aus, ist eine solche Verallgemeinerung.

Selbstredend drückt sich in der Sexualität eine emotional–leidenschaftlich Bindung aus. Doch diese ist nicht die einzige Liebesform. Die freundschaftliche und die partnerschaftliche Liebe stellen andere Bindungsformen dar.

Vor allem in Langzeitbeziehungen spielt die Sexualität eine untergeordnete Rolle. So erklären nur 4 % der Paare nach etwa 30 Ehejahren, Sexualität mit dem Partner sei zentral wichtig. Expertenmeinungen kann man demnach getrost beiseite lassen.

Paare kommen wohl nicht darum, selbst einen für sich passenden Umgang mit der Sexualität zu finden. Das bedeutet für manche, dem Partner treu zu sein, für andere ergibt sich ein sehr pragmatischer Umgang damit.[19] Offene Beziehungen oder Sex mit anderen mögen dazugehören. Wer vom Treueideal nicht lassen kann und auch nicht von der Verliebtheit, der sucht sich nach einigen Jahren einen neuen Partner, solange, bis die Sehnsucht nach einer Lebensbegleitung ihn packt oder etwas anderes wichtig wird.

Sexualität hat für jeden Menschen eine andere Bedeutung, die im Laufe des Lebens und seiner Phasen wechselt. Eine Pflicht zu partnerschaftlicher Sexualität kann es nicht geben.

Wer Sexualität mit dem eigenen Partner vermisst, der kann sich fragen, wozu er keine Lust mehr hat, und sich bei seinen Fantasien nach zurückgehaltener Energie und versteckten Wunschträumen erkundigen. Schon der Satz „Ich denke ans Fremdgehen" kann eine Beziehung in Aufruhr versetzen und manch knebelnde Gewohnheit aufkündigen.[20]

---

19 Siehe hierzu 'Fünf Wege die Liebe zu leben' als Print oder eBook.
20 Siehe hierzu den Online-Workshop 'Paarsexualität beleben'.

Streit

Lange Zeit hieß es, Streit solle von Paaren vermieden werden, neuerdings wird zunehmend darauf verwiesen, wie wichtig Streit sein soll. Diese Umdeutung des Phänomens geschieht nicht zufällig.

Solange Beziehungen hauptsächlich auf partnerschaftliche Liebe angewiesen waren, wirkte sich Streit belastend auf eine Beziehung aus, und Verhandlungen, Kompromisse und Einigungen konnten helfen. Heutzutage berufen sich Beziehung allerdings immer mehr auf tiefe Gefühle und leidenschaftliche Empfindungen. Diese Liebe ist auf die Unterschiede der Partner angewiesen. Da diese Unterschiede im alltäglichen Leben zunehmend verharmlost und verleugnet werden – erst nimmt man Rücksicht, dann verliert man sich – wird oft Streit gebraucht, um die oberflächlich schöne, aber unheilvolle Welt der Symbiose wieder aufzubrechen.

Manches lässt sich eben nur in Rage sagen, schließlich muss jeder Partner gegen sein Harmoniedeal verstoßen. Im Normalzustand sagt ein Partner vielleicht: „Ja, das stört mich", aber erst im Streit rutscht ihm die ganze Wahrheit heraus: „Das nervt mich schon seit Jahren." Versuchen Sie mal Ihrem Partner in einem liebe– oder verständnisvollen Ton zu sagen: „Ich hasse das!" Das ergibt wenig Sinn. Soll die Information glaubwürdig sein, muss das entsprechende Gefühl dahinter stehen; und je mehr der Kessel unter Druck steht, um so heftiger gerät die unvermeidliche Eruption.

Streit wird gebraucht, um auseinander zu kommen. Schließlich ist das Schöne an der Liebe nicht nur das Zusammensein, sondern auch das Zusammenkommen; und dafür muss man erst auseinander geraten. Eine wichtige Frage ist allerdings, *wie* gestritten wird.

Lust auf Streit? Dann legen Sie die Regeln fest, streifen Sie die Boxhandschuhe über und freuen Sie sich auf die Informationen, die in einem heftigen, aber fairen Streit deutlich werden.

Trauer

In jeder Beziehung gibt es Dinge, um die einer oder beide trauen müssen oder sollten. Im Extremfall könnte das der Tod eines Kindes sein. Wenn einer dann den Eindruck hat, der andere traure nicht ebenfalls oder zu wenig, entsteht leicht ein Riss in der Beziehung. Scheinbar bedeutet der Verlust dem anderen nicht so viel, oder er trauert auf eine weniger sichtbare Weise.

Es gibt andere, alltäglichere Trauerfälle. Man kann um vergebliche Absichten trauern (es kann kein Kind gezeugt werden), um geplatzte Träume (wir wollten ein Haus bauen) – um enttäuschte Erwartungen (wir wollten uns doch treu sein) und vieles andere mehr. Man kann (und sollte) über jeden Verlust trauern, auch miteinander, das verbindet.

Trauer bedeutet zuzulassen, dass etwas wehtut. Der Trauernde stellt den Kampf gegen den Schmerz ein und erlaubt seinen Gefühlen, seiner Melancholie, seinen Gedanken, seinen Tränen, durch ihn durch zu gehen. Das tut letztlich gut, weil er so loslassen kann, was er nicht festzuhalten vermag.

Trauer ermöglicht Abschied, und erst solcher intensiv empfundene Abschied ermöglicht einen Neuanfang. Wer die Trauer fernhält fürchtet meist unbewusst, der Schmerz wäre zu stark, als dass er ihn aushalten könnte. Das führt dazu, Gefühle beiseite zu schieben, wodurch der Schmerz oft konserviert, statt sich lösen zu können. Das Ergebnis kann Verbitterung und Rückzug sein; und die Vermeidung von gemeinsamer Trauer und Schmerz führt in Beziehungen oft zu gegenseitigen Vorwürfen und innerer Distanz.

Trauer zuzulassen bedeutet ein Eingeständnis eigener Machtlosigkeit. Wir haben das Leben nicht in der Hand, manchmal beugt es uns. Wie lange ein Trauerprozess dauert, lässt sich nicht voraussagen. Oft tauchen schmerzliche Erinnerungen noch Jahre später auf, wie Wellen, die allmählich verebben. Schmerz ist ein Teil des Lebens, er ist ein Geschwister der Freude.

Trennung

Viele Trennungen kommen durch den krampfhaften Versuch zustande, Trennungen zu vermeiden.

Dieser Wurm nagt von Anfang an an einer Beziehung. Verliebte nehmen nämlich ständig Rücksicht aufeinander. Sie lassen fünf gerade sein, verharmlosen die Bedeutung unpassender Äußerungen oder hören einfach über Hinderliches hinweg. Das muss so sein, sonst wäre es nicht möglich, sich zu verlieben und sich derart an einen Partner zu binden.

Auf Dauer jedoch schafft es keiner und will es keiner, Trennendes zu ignorieren. Bald kommt der Punkt, an dem die ersten Trennungen anstehen. Etwa von der Vorstellung „Mein Partner findet nur mich toll" oder „Er/sie ist immer für mich da" oder „Wir werden uns immer begehren" usw.

Anderes kommt dazu. Gemeinsame Interessen mögen sich auflösen, gemeinsame Pläne mögen platzen, gemeinsame Vorhaben mögen nicht durchzuführen sein. Das Wunschkind kommt nicht, das Haus kann nicht finanziert werden, es ist weniger Geld da als erwartet. Und Schlimmeres. Aber das sind alles 'kleine' Trennungen.

Wer sich von etwas trennen muss, das aber nicht tun will, der ist versucht, den Partner für den befürchteten Verzicht in die Pflicht zu nehmen. Vorwürfe und Machtkämpfe sind oft sinnlose Versuche, sich eine kleine Trennung zu ersparen.

Die kleine Trennung bedeutet, sich nicht vom Partner zu trennen, sondern von Etwas. Etwa von einem lieb gewordenen Verhalten, von einer vergeblichen Erwartung, von einer hinderlichen Erinnerung, von einer quälenden Sehnsucht, von einer Gewohnheiten, einer Bequemlichkeit oder einer Angst.

Wer von dem Gedanken an die große Trennung versucht wird, kann sich fragen, wovon er dann befreit ist. Wovon will ich mich durch eine Trennung trennen?

Siehe die Übung zum Thema „Trennung".

Verachtung

Partner können sich gegenseitig an den Rand der Verachtung oder darüber hinaus bringen, und zwar derart massiv, wie das überhaupt nur Liebenden möglich ist.

Wer bemerkt, dass er den Partner verachtet – zum Beispiel für Gewohnheiten, Verhaltensweisen, Äußerlichkeiten, der kann sicher sein, dass er etwas *in sich* missachtet fühlt. Statt seine Verachtung nun über dem Partner auszugießen, kann er sich damit befassen, was bei ihm beachtet werden sollte und wofür er den Respekt des anderen erwartet.

Natürlich kann man den anderen für dessen Schwäche verachten, aber was bringt das? Da entdeckt man besser, ob man sich selbst überfordert fühlt und vom Partner Unterstützung erwartet, das aber nicht sagen kann. Natürlich kann man den anderen für dessen sogenannte Triebhaftigkeit verachten. Sinnvoller ist es jedoch, sich vor Übergriffen zu schützen und nichts mitzumachen, was man nicht will, statt dessen selbst dort aktiv zu sein, wo man sich zurückhält.

Wer der Verachtung des Partners anheim fällt, sollte sich innerlich aufrichten und sich klarmachen, dass Verachtung ein Urteil ist und keine Wahrheit. Dann aber kann er sich fragen, wofür sein Partner Achtung vermissen könnte. „Was müsste ich achten, damit mein Partner keine Verachtung für mich empfindet?" und ebenso „Was müsste mein Partner achten, damit ich keine Verachtung für ihm empfinde?"

Verachten ist leicht, wenn man über das hinwegsieht, das hinter einem Verhalten steht. Schwäche, Stärke oder was immer verachtet wird geschieht nicht grundlos. Man kann die Gründe achten.

Auf diese Weise kann das Thema produktiv werden, weil das Augenmerk auf etwas bisher Übersehenes gerichtet wird. Ob der Partner dem eigenen Wunsch, Achtung aufzubringen auch entsprechen kann oder nicht, das steht dann auf einem anderen Blatt. Wichtiger ist es jedoch, für sich selbst Achtung aufzubringen.

Verbitterung

Wenn Sie am Ende Ihres Lebens was die Liebe angeht recht ordentlich verbittert sein wollen, kann ich Ihnen dazu einige gute und erprobte Ratschläge geben.

– Erwarten Sie von Ihrer Beziehung die Erfüllung all Ihrer Wünsche. Wähnen Sie sich am Ziel aller Träume, sobald Sie einen festen Partner gefunden haben.

– Machen Sie sich dann von Ihrem Partner möglichst umfassend abhängig. Unternehmen Sie nichts getrennt von ihm und richten Sie sich vollständig auf ihn aus.

– Fordern Sie den Partner auf, Ihre eigenen Bedürfnisse zu erfüllen und machen Sie ihm permanent Vorwürfe, seinen Pflichten nicht richtig nachzukommen. Das ist eine sichere Möglichkeit, Abstand zu halten und Nähe zu verhindern.

– Erwarten Sie einen perfekten Partner. Verabscheuen Sie seine Schwächen und Unzulänglichkeit. Legen Sie Listen an, auf denen Sie seine Fehler akribisch notieren.

– Bezahlen Sie Ihr unbescheidenes Verhalten, indem Sie Dinge ertragen, die ihnen unerträglich sind. Zwingen Sie sich beispielsweise zum Sex, obwohl Sie keine Lust haben und spielen Sie sexuelle Erfüllung vor.

– Unterdrücken Sie Ihren Schmerz und die unweigerlich auftauchenden Impulse, sich aus diesen Zwängen zu lösen.

– Mit anderen Worten: Geben Sie die Verantwortung für sich auf und schieben Sie diese dem Partner zu.

Vielleicht fällt Ihnen noch der eine oder andere Ratschlag zur sicheren Verbitterung ein. Schreiben Sie diese Ideen auf und finden Sie heraus, welche dieser Ratschläge Sie bereits befolgen. Stellen Sie fest, wie es „schmeckt", das zu tun. Vielleicht haben Sie Glück und stellen einen bitteren Geschmack auf Ihrer Zunge fest.

Dann ist es nicht zu spät, mit den bitteren Gewohnheiten zu brechen. So verhindern Sie, ein Opfer Ihrer selbst auferlegten Zwänge zu sein.

Verletzungen

Gemeinhin wird von Partnern geglaubt, Beziehungen könnten oder sollten verletzungsfrei geführt werden. Das ist eine schöne und zugleich schädliche Illusion.

Wie kommen Verletzungen zustande? Verletzt werden immer Erwartungen. Wer sagt: „Ich bin mit unserer Sexualität unzufrieden", verletzt den Partner, weil der etwas anderes erwartet hat, aber er macht auch klar, dass er *anders* ist.

Die schlimmste Verletzung in der Liebe lautet mitunter: „Ich bin anders! Ich fühle, denke, handle anders"; und das größte Glück besteht darin, als dieser andere angenommen zu sein und selbst zu diesem anderen zu stehen.

Was tun bei Verletzungen? Es bringt nichts, sich Vorwürfe zu machen. Am besten befasst man sich mit den jeweiligen gebrochenen Erwartungen und macht sich diese klar. Was habe ich beziehungsweise was hast du erwartet? Sind unsere Erwartungen unterschiedlich? Sind diese Erwartungen wirklich selbstverständlich? Sind sie realistisch?

Werden Erwartungen erkannt, wird deutlicher, welche davon mag besser aufgibt und welche unverzichtbar zu sein scheinen..

Auf dem Hintergrund gegenseitiger Erwartungen lässt sich eine konstruktivere Auseinandersetzung führen als auf dem Hintergrund von Vorwürfen. Die Verantwortung für seine Erwartungen Verletzungen zu übernehmen gehört zum weiten Feld der Selbstverantwortung.

Achtung: Verletzungen können sehr trickreich als Waffe eingesetzt werden, um den Partner zu manipulieren und zu Wohlverhalten zu bewegen. „Wenn du nicht tust, was ich erwarte, bin ich sehr verletzt!" Fällt der Partner darauf herein, hilft ihm nur, das eigene Gefühl dagegen zu setzen, also wiederum die eigene Erwartung und Empörung.

Ein Wettstreit der Verletzungen? Es gibt wohl kaum etwas Schädlicheres für eine Paarbeziehung.

Vertrauen

Wer dem Partner vertraut, der glaubt, sich auf ihn verlassen zu können. Der Satz „Ich verlasse mich auf dich" ist äußerst aufschlussreich. Er zeigt seine wahre Bedeutung, wenn man die beiden letzten Worte weglässt. Dann wird daraus „Ich verlasse mich".

Offensichtlich ist es ein großes Bedürfnis von Partnern, sich selbst zu verlassen, sich nicht auf sich selbst, sondern auf den anderen zu stützen. Der Lohn dieses Risikos besteht in den Empfindungen von Geborgenheit und Sicherheit. Auf den Schwingen des Vertrauens fühlt man sich getragen. Ein anderes Bild sagt: Ich kann mich anlehnen, mein Partner ist stark genug, seine Stütze wird nicht brechen, er hält mich.

Aber der andere ist nicht auf die Welt gekommen, um einem erwartungsgemäß zur Verfügung zu stellen und dadurch eine doppelte Last zu tragen. Deshalb kann ein Vertrauen gebrochen werden; und der Schock des Absturzes mag einen Partner aus der Fassung bringen und ins Bodenlose stürzen lassen.

Dann ist es verständlich, sich betrogen zu fühlen, aber dennoch gilt: „Ich habe mich auf dich verlassen, weil ich das Gefühl *zu vertrauen* brauchte". Wer Vertrauen schenkt, der tut das auch für sich, denn ohne Vertrauen ist Liebe nicht möglich. Wenn ein Vertrauen dann gebrochen wird, hat sich das Risiko bestätigt. Man schenkt Vertrauen, man investiert es nicht. Vertrauen ist ein Geschenk, und für Geschenke kann man keine Gegenleistung erwarten.

Wer sagt: „Ich vertraue dir nur, wenn du absolut verlässlich bist", der kommt wohl kaum in den Genuss von Geborgenheit und kann sich nicht in Liebe fallen lassen.

Gebrochenes Vertrauen wiederum heilt, wenn man sich verzeiht, es geschenkt zu haben, wenn man gnädig mit sich ist. Allerdings gilt ebenso: Wer sich eines Geschenkes nicht würdig erweist, dem muss man es nicht schenken, zumindest nicht ein zweiten Mal.

Verzeihen

In vielen Ratgebern wird das Verzeihen gepriesen. Das macht Sinn, vor allem, wenn beim Übelnehmen der eigene Anteil an der Entwicklung geleugnet wird. Ich spreche nicht von Schuld, sondern von Anteilen am Geschehen.

Kann man einen Seitensprung verzeihen? Wohl kaum, wenn man glaubt, damit nichts zu tun zu haben. Vielleicht war man dem Partner gegenüber ignorant, oder hat sich zu sicher gefühlt, hat sich in dem Gefühl gesonnt, ihn zu lieben und wenig darauf geachtet, ob diese Liebe 'rüberkommt'.

Vielleicht steht eine Schwäche des Partners hinter dem, was er getan hat, und man hat diese nicht wahrgenommen. Verzeihen fällt besonders schwer, wenn man sich selbst für perfekt hält, wenn man glaubt, das, was man dem Partner vorwirft oder übel nimmt, könnte einem nie passieren.

Verzeihen macht Sinn, wenn man noch ein Interesse hat, die Beziehung fortzuführen. Verzeihen soll alles wieder gut machen, die Uhr auf Null stellen. Wer verzeiht, der söhnt sich nicht nur mit dem Partner, sondern auch mit sich selbst aus.

Verzeihen ist allerdings selten ein spontaner Akt, kein schnell gefasster Entschluss, sondern ergibt sich meist aus einem Prozess, der durch etliche emotionale Täler führt.

Doch es gibt auch Dinge, die kann man nicht verzeihen, die sind nicht mehr zu kitten. Da ist etwas kaputt gegangen, da ist ein Faden gerissen; und es stellt sich kein Motiv ein, den Faden wieder aufzunehmen. Es kann dennoch weitergehen.

Doch womöglich ist ein Endpunkt erreicht: Wenn es nicht einmal etwas zu verzeihen gibt, oder wenn der Partner nicht mehr erwartet, dass ihm verziehen wird. Gleichgültigkeit wäre ein Begriff für diesen Zustand, aus dem keine Bereitschaft erwächst, die schwierige Lage zu bewältigen. Das kann passieren, und womöglich hat jeder sein Bestes versucht und gegeben. Es hat einfach nicht gereicht.[21]

---

21 Zur Steuerbarkeit von Beziehungen siehe 'Mythos Liebe' als Print oder eBook.

Vorwürfe

Glaubt man Paartherapeuten, stellten Vorwürfe eines der großen Kommunikationsprobleme in Partnerschaften dar. Ständige Vorwürfe sind in der Lage, auf die Dauer jede Beziehung zu belasten oder zu beschädigen.

Der Vorwurf, vor allem der wie ein Bumerang endlos wiederkehrende Vorwurf, basiert auf der verbreiteten und irrigen Annahme, der Partner sei dazu da, das eigene Leben zu erleichtern, und daher sei er zu emotionaler Versorgung verpflichtet. Wozu hat man schließlich einen Partner?

Dabei sagen Vorwürfe viel über einen selbst aus und weniger als man denkt über den Partner. Wer beispielsweise erschöpft ist, wirft seinem Partner mit Vorliebe vor, dieser sei ein Egoist und denke nur an sich. Wer sich unsicher fühlt, wirft seinem Partner gern vor, ihm nicht genügend Aufmerksamkeit zu geben. Wer selbst den Hintern nicht hoch bekommt, wirft seinem schnellen Partner vor, träge und einfallslos zu sein. Wer sich abhängig fühlt, wirft dem Partner vor, dominant zu sein. Wer tanzen gehen möchte, wirft dem Partner vor, ein steifer Sack zu sein. Und wer im Bett selbst fantasielos ist, wirft dem Partner vor, einer Routine zu folgen.

Wer solche Vorwürfe vollständig auf sich bezieht und sie persönlich nimmt, hat sich ein echtes Problem eingehandelt. Dabei lassen sich Vorwürfe wunderbar nutzen, wenn man weiß, dass der Partner im Grunde etwas über eigene Bedürfnisse aussagen möchte. Der Vorwurf stellt nämlich eine indirekte Mitteilung von Bedürfnissen dar. Weil derjenige die eigenen Bedürfnisse vernachlässigt, fordert er den Partner auf eine ungeschickte Weise auf, sich darum zu kümmern.

Wer mitteilt, wozu er Lust hat oder was er braucht und wer bereit ist, sich unabhängig vom Partner darum zu kümmern, der hat für sich gewonnen und die Beziehung entlastet. Allerdings gilt auch: An jedem Vorwurf ist etwas daran. Das nutzt kein leugnen. Besser ist zu sehen, was daran wahr ist.

Siehe die beiden Übungen zum Thema Vorwurf.

Wunden

Partner fügen sich Verletzungen und Wunden zu. Auch beim besten Willen scheint das unvermeidbar; und wer das Gegenteil erhofft, wird sicherlich manches Mal enttäuscht werden.

Einige Wunden heilen schnell, andere brauchen eine lange Zeit, um sich zu schließen. Das verhält sich bei Körper und Seele ganz ähnlich. In jedem Fall brauchen sie Zeit zu heilen, und sie tun womöglich lange weh, manchmal hinterlassen sie Narben oder wunde Punkte.

Wie soll man sich zum Schmerz verhalten? Meist kann ein Partner den Schmerz seines Gegenüber nur so weit anerkennen und aushalten, wie er eigenen Schmerz zu ertragen in der Lage ist. Ist seine persönliche Schmerzgrenze überschritten, wird er versuchen, dem anderen den Schmerz auszureden oder ihn zu verharmlosen.

Doch die Anerkennung einer Wunde ist unabdingbar. Es ist sinnlos darüber diskutieren, ob etwas zu Recht oder zu Unrecht weh tut. Zu sagen: „Ich sehe, dass du Schmerzen hast" kann die Sache schon leichter machen. Eine zwingende Verpflichtung ergibt sich daraus nicht, allenfalls eine gewollte.

Wenn es zum Beispiel zu einem Seitensprung gekommen ist und ein Partner fühlt sich daraufhin verwundet, nutzt es nichts, die Verletzung zu bagatellisieren. Mitfühlen wäre angebrachter und würde beim Partner statt Abwendung eher zaghafte Zuwendung auslösen. Und es bleibt die Frage, wie damit umgehen?. Was kann ich tun? Was erwartest du? Was würde dir helfen? Und natürlich auch: Was will ich tun? Wozu bin ich bereit und wozu nicht?

Meist heilt die Zeit manche Wunde. Eine gute Heilung lässt sich vielleicht durch eine Wiedergutmachung erzielen. Dann wird vom Verletzenden ein Opfer verlangt. Das hilft aber nur, wenn das Opfer gerne, also aus Liebe, erbracht wird. Und die Botschaft: „Es ist o. k. dass wir uns manchmal verletzten", zeugt von einem gewissen Realismus.

Wut

Wut ist eine feine Sache. Man kann sich darin spüren, seine ganze Kraft, seine wilde Entschlossenheit und seine potenzielle Macht. Man kann sich mit Wut wunderbar abgrenzen, weil der andere völlig unwichtig ist, solange man dieses berauschende Gefühl halten kann.

Hinter Wut steckt der Wille zur Selbstbehauptung. Das erfordert, dass man in der Wut in erster Linie sich selbst und nicht den anderen sieht; und es gibt Momente, wo es gut ist, den anderen nicht länger in den Vordergrund zu stellen, sondern sich selbst.

Wut an sich ist weder schlecht noch gut. Sie wird oft dringend gebraucht, um aus sich herauszukommen. Allerdings richtet sich Wut immer *gegen* jemand. Die eigentliche Kunst besteht nun darin, die Wut letztlich für sich und nicht gegen den Partner zu nutzen.

Wenn sie als Machtmittel eingesetzt wird, um den Partner einzuschüchtern, wirkt sie sich auf die Dauer destruktiv aus. Keiner bekommt Recht, nur weil er wütend ist; und Wut fordert Wut heraus und mit Wut hat noch keiner Liebe gewonnen.

Wie kann man Wut für sich nutzen? Wut ist ein sogenanntes Zweitgefühl, dem ein anderes vorausging. Zuerst war eine Enttäuschung oder ein Schmerz da, dann erst kam die Wut.

Wer dieses Gefühl hinter dem Gefühl nicht ausdrücken kann, der bleibt in seiner Wut gefangen. Er muss endlos „ausflippen" und leidet selbst unter dieser Form von Hilflosigkeit. Nur wer seine Gefühle hinter der Wut entdeckt und zeigt, der hat eine Chance darauf zu erfahren, ob eine Erwartung realistisch ist, ob sie erfüllt wird und wenn ja, unter welchen Bedingungen.

Wer die Wut des Partners abbekommt, sollte sie nicht wegreden wollen, sondern sie im Gegenteil anerkennen. „Ich sehe, du bist wütend. Aber was willst du eigentlich?"

Was ist eigentlich los mit uns?
Eine Gesprächs–Übung mit dem Partner

Diese Übung dient der Klärung einer unübersichtlichen Situation. Manchmal kreisen Gespräche oder Auseinandersetzungen immer wider um bestimmtes Thema – aber es kommt wenig bis nichts dabei herum. Dann kann Ihnen die folgende Übung zu einem besseren Überblick verhelfen.

Sie sollten sich dafür etwa eine Stunde Zeit nehmen. Machen Sie nach Ablauf dieser Zeit eine Pause (es sei denn, Sie wollen beide unbedingt dranbleiben, weil es gerade spannend ist oder Spaß macht). Sie können das Gespräch an einem anderen Tag fortsetzen.

Die Übung kann nicht alles an einem Tag und nicht alles vollständig klären. Gerade in der Zeit zwischen den Gesprächen kann sich vieles klären und in einem anderen Licht erscheinen. Manchmal genügen schon wenige neue Informationen, um weiterzukommen, überfordern Sie sich also nicht. Halten Sie sich aber genau an die vier Schritte und die Anweisungen.

Wenn Sie sich verzetteln macht das nichts, es kann sich sogar gut auswirken, weil Sie dann wieder Abstand nehmen und sich an der Anleitung orientieren müssen.

Denken Sie daran: Es geht in der Übung nicht darum, sofort eine Lösung zu finden oder Konflikte auszuräumen. Es geht darum, eigene Spekulationen und die Spekulationen des Partners zu entdecken. Es geht um interessante neue Informationen, um Erstaunen und um Begreifen.

Schritt 1: Den normalen Ablauf schildern

Setzen Sie sich zusammen und schildern Sie, wie die unbefriedigende Situation normalerweise abläuft. Schildern Sie nur den Ablauf, sonst nichts, also nicht, was Sie darüber denken und wem Sie die Schuld daran geben etc. Schildern Sie den Ablauf als eine neutrale Beschreibung. Beschreiben Sie gemeinsam:

- wie die Situation normalerweise anfängt,
- wer was wann wie sagt,
- wer sich wann wie verhält, und
- wie die Situation gewöhnlich endet.

Für diesen Schritt brauchen Sie etwa 5 bis 10 Minuten.

Schritt 2: Innere Vorgänge vermuten

Nehmen Sie nun Abstand zu der Situation ein, indem Sie über die beiden Personen sprechen. Sie sprechen also nicht von sich als „Ich" sondern von sich als „der Mann" oder „die Frau". Bitte beachten Sie: Sie sprechen ab jetzt nur Vermutungen aus, keine Wahrheiten.

Mann:	Zuerst sagt der Mann zwei bis drei Sätze über „den Mann" und was seiner Meinung nach in „diesem Mann" vorgeht. Etwa in der Art: *„Ich glaube, dass der Mann ziemlich verärgert ist, weil ... und ich glaube, er fühlt sich ... und ich denke, er verhält sich so, um ... "*
Frau:	Dann sagt die Frau zwei bis drei Sätze über „die Frau" und was ihrer Meinung nach in „dieser Frau" vorgeht.
Beide:	Dann sprechen beide Partner über „den Mann" und „die Frau". Jeder darf seine Vermutungen über deren Gefühle und Verhaltensgründe äußern. Bitte keine Monologe führen, sondern jedem Gelegenheit geben, seine Vermutungen zu äußern: *ER: „Die Frau glaubt deiner Meinung nach also, dass der Mann sie unterdrücken will ... und dass es ihm egal ist, wie es ihr geht ... "* *SIE:„Ja, sie glaubt, der Mann ist nicht an seiner Frau interessiert. "* *ER: „Der Mann fühlt sich aber auch nicht verstanden ... "* *SIE: „Womit denn nicht? " usw.*

Schritt 3: Verhaltensmotive vermuten

Anschließend reden beide darüber, worum es ihrer Meinung nach „für den Mann" und „für die Frau" geht. Also:

- Was liegt den beiden am Herzen,
- worum kämpfen sie,
- wogegen wehren sie sich,
- was wollen sie eigentlich.

Beachten Sie bitte: Es geht nicht darum zu klären, wer recht oder unrecht hat, sondern um den Austausch von Vermutungen, Meinungen, Unterstellungen usw. Also keine Diskussionen, keine Wertungen, keine Urteile, sondern Austausch! Nachfragen sind erlaubt. Beispielsweise:

ER: „Ich glaube, der Mann sagt nichts mehr, weil er sich nicht verstanden fühlt."

SIE: *„Aber die Frau versteht sein Schweigen als Zustimmung."*

ER: *„Das ist es aber für den Mann nicht. Er will nur keinen Streit. Er schweigt um des Friedens willen."*

SIE: *„Ein Feigling, dieser Mann."* (Das ist eine Wertung, die hier nicht hingehört, diese also zurücknehmen.)

SIE: *„Er ist kein Feigling, aber er könnte sich durchsetzen."*

ER: *„Ich glaube, das will er nicht mehr. Er ist müde."*

SIE: *„Müde? Was macht ihn so müde?"*

... usw., bis deutlich wird, worum es für die beiden geht.

Schritt 4: Was ist klar? Was ist neu?

Nun kommen Sie zum Schluss der Übung. Sprechen Sie jetzt wieder von sich als „Ich" darüber:

- welche Erkenntnisse Sie gewonnen haben,
- was Sie jetzt anders sehen,

– was Ihnen vorher nicht so klar war, und
– welche Konsequenzen das mit sich bringt, also wie Sie zukünftig damit umgehen wollen.

Würdigen Sie abschließend, was gut gelaufen ist, was besser als bisher funktionierte und was noch besser laufen könnte.

Umgang mit möglichen Schwierigkeiten

Wenn Sie zu viel auf einmal wollen, könnten Sie sich verheddern. Gehen Sie dann zur letzten geklärten Aussage zurück. Bleiben Sie bei kurzen Aussagen. Vermeiden Sie Monologe. Auch kleine Informationen können wichtig sein, wenn sie neu oder überraschend sind.

Du verstehst mich nicht!

Beide Partner machen diese Übung für einen Partner.

Diese Übung dient dem besseren Verstehen eines Partners. Sie wird von beiden Partnern für einen Partner durchgeführt. Anschließend oder zu einem späteren Zeitpunkt kann getauscht werden, so dass jeder von der Übung profitiert.

Wenn Menschen sich unterhalten, interpretieren sie ununterbrochen die Worte und Gesten des Gesprächspartners. Das ist unvermeidbar, aber auch eine Quelle ständiger Missverständnisse. Gerade als Wahrheiten vertretene Interpretationen und Unterstellungen sind wahre Gesprächskiller oder Streitauslöser. Hier geht es darum, dass der Partner, der sich unverstanden fühlt, sich besser verstanden fühlt.

Regeln.

1. Die Übung dauert maximal eine halbe Stunde pro Partner.

2. Jeder äußert nur einige Sätze am Stück, dann spricht der Partner.

3. Zwischen Fragen und Antworten müssen 10 Sekunden Zeit vergehen, wenn nötig auch 20 Sekunden. Also nicht sofort sprechen, sondern erst schweigen und die Aussage des Partners wirken lassen. Sie werden sehen: Es kommt dann etwas anderes heraus.

Denken Sie daran: Auch in dieser Übung geht es nicht darum, sofort eine Lösung zu finden. Es geht vielmehr um die Entdeckung dessen, was beim Partner abläuft und um die Anerkennung dessen im Sinne von „Ja, jetzt wird mir klar, was bei dir geschieht". Es ist nicht sinnvoll, über Gefühle des zu diskutieren, erst einmal muss man sie anerkennen. Ob sie verändert werden können, wird sich dann später zeigen, wenn Verständnis aufgebracht wird.

Schritt 1: Was soll verstanden werden?

Achtung: Vor jeder Aussage 10 Sekunden Pause machen!

Anfang: Partner A fühlt sich vom anderen unverstanden. Er wiederholt die Behauptung oder Aussage seines Partners.
(Bspw.: „Du sagst immer, ich müsste nicht eifersüchtig sein. Du verstehst mich einfach nicht.")

Offenheit: Partner B stimmt zu und fragt nach: „O. k. ich höre, du fühlst dich unverstanden. Was müsste ich denn verstehen?"

Einsicht: Partner A erläutert seine Empfindungen/Sichtweisen/Verhaltensweisen und fragt dann nach, wie er verstanden wurde.
(Bspw.: „Wenn du sagst, du kommst um acht, und du bist um zwölf noch nicht da, werde ich unruhig und bekomme Angst. Verstehst du das?")

Prüfen: rtner B sagt, was er verstanden hat, und prüft auf diese Weise, ob das richtig ist.
(Bspw.: „Ich verstehe, dass du schlecht alleine sein kannst. *Habe ich richtig verstanden?")*

Korrektur: Partner A korrigiert oder bestätigt die Aussage, gibt ihm einen Einblick, was tatsächlich bei ihm abläuft, was er denkt, fühlt und fragt wiederum nach, wie er verstanden wird.
(Bspw.: „Nein, ich halte nur die Ungewissheit schlecht aus. Dann mache ich mir Fantasien und denke, ich wäre dir gleichgültig. Verstehst du das?")

Diese Übung wird weiter durchgeführt, bis Partner A ausdrücklich bestätigt: „Ja, jetzt fühle ich mich von dir richtig verstanden."

Schritt 2: Was das verändert

Die Partner sprechen jetzt gemeinsam darüber, was sich durch dieses Verstehen für sie verändert hat. Auch hierbei gilt die 10–Sekunden–Regel des Schweigens vor einer Antwort. Stellen Sie die folgenden Fragen:
- Was ist für dich/für mich neu?
- Was habe ich bisher nicht gesehen, so nicht gesehen, anders gesehen oder anders bewertet?
- Welche neuen Ideen zum Umgang mit dem Thema bzw. zum Sachverhalt tauchen aufgrund dessen auf?
- Wie wollen wir damit umgehen?

Möglicherweise will der andere Partner ebenfalls mit etwas besser verstanden werden. Dann wird die gleiche Übung für ihn gemacht, im Anschluss oder später.

Umgang mit möglichen Schwierigkeiten

Achten Sie auf die 10–Sekunden–Regel! Wenn die Aussagen sich ein wenig im Kreis bewegen, macht das nichts. Verlängern Sie einfach die Pausen. Suchen Sie nicht vorschnell nach Lösungen, versuchen Sie vielmehr, das Problem besser zu verstehen. Lösungsmöglichkeiten ergeben sich meist von selbst.

Gegenseitig Sichtweisen anerkennen

Für fruchtbare Gespräche, bei denen etwas Sinnvolles herauskommt, ist es unumgänglich, dass die Partner ihre unterschiedlichen Sichtweise zu einem Thema, Vorfall oder Sachverhalt gegenseitig anerkennen. Solange jeder mit seiner Sichtweise recht haben will, provoziert er den anderen zum Widerspruch. Niemand will sich die Weltsicht seines Partners aufzwingen lassen!

Regeln: 1. Die Übung dauert maximal eine halbe Stunde. 2. Jeder äußert einige Sätze am Stück, dann spricht der Partner. 3. Zwischen Fragen und Antworten müssen mindestens 10 Sekunden Zeit vergehen.

Schritt 1: Der Streitpunkt

Thema: Die Partner benennen gemeinsam das Thema, zu dem es Meinungsverschiedenheiten gibt, in einem Wort oder in einem kurzen Satz. *(Bspw.: Eine Bemerkung. Eine Ansicht über Erziehung. Eine Beobachtung bei den Kindern. Eine unterschiedliche Meinung.)*

Sichtweise: Partner A äußert seine Sicht und seine Empfindungen in Bezug auf das Thema. *(Bspw.: „Für mich ist der Satz ‚In so ein sexy Kleid passt sie nicht mehr rein' eine Beleidigung.")*

Neugier: Partner B zeigt jetzt Neugier auf die Inneren Abläufe des anderen. Er fragt in einem offenen und ehrlichen Ton nach:
– Was passiert dann in dir?
– Welche Gefühle weckt das bei dir?
– Was denkst du dann über dich und über mich?

Erläutern: Partner A erläutert seine Inneren Abläufe,

	ohne sie zu werten und ohne um Bestätigung oder Verständnis zu werben.
Einsehen:	Partner B bestätigt in Worten, dass er wahrnimmt, was im anderen abläuft. *(Bspw.: „O. k. ich sehe, dass es dieses ... und jenes ... bei dir auslöst.")*
Wechsel:	Jetzt äußert Partner B ebenfalls seine Sichtweise oder Empfindungen zum Thema. *(Bspw.: „Für mich ist das keine Beleidigung, sondern ein Necken ...")*
Neugier:	Partner A zeigt Neugier mit den gleichen Fragen wie vorn (Abläufe/Gefühle/Gedanken)
Erläutern	Partner B erläutert seine Inneren Abläufe.
Einsehen:	Partner A bestätigt das Gehörte in Worten.

Schritt 2: Bestätigung der Sichtweisen

Der Austausch geht so lange, bis die unterschiedlichen Sicht– bzw. Erlebensweisen deutlich geworden ist. Sagen Sie laut: Beide: *„Ich erkenne an, dass ...für dich ... ist!"*

Schritt 3: Was verändert das?

Die Partner besprechen kurz, was diese gegenseitige Anerkennung verändert. Vielleicht liegt eine Entschuldigung, oder eine Abmachung oder etwas anderes an.

Umgang mit möglichen Schwierigkeiten

Es wird nur über das vereinbarte Thema gesprochen. Sollte ein anderes Thema als das Ausgangsthema wichtig werden, sprechen Sie gesondert darüber.

Gute Gespräche führen

Worüber ich mit dir reden will
– worüber wir miteinander sprechen sollten

Ein Gespräch ist ein komplexer Vorgang. In seinem Verlauf werden zahlreiche Begriffe benutzt, die für die Partner ganz unterschiedliche Bedeutungen haben können und das meist auch haben. Es werden Erinnerungen und damit verbundene Gefühle geweckt. Es werden Meinungen, direkte oder indirekte Kritik geäußert. Jedes Wort, jeder Satz und auch die nonverbalen Äußerungen wie Gesten, Gesichtsausdrücke, der Klang der Stimme, Körperhaltungen, etc. rufen Reaktionen auf der anderen Seite hervor, auf die dann wiederum reagiert wird. Viele dieser nonverbalen Äußerungen werden unbewusst wahrgenommen, fließen aber trotzdem in die Reaktionen ein.

Dass ein Gespräch leicht aus dem Ruder laufen kann, ist daher wenig verwunderlich. Da kann ein Gesprächsleitfaden wie der folgende gute Orientierung geben.

Das Ziel besteht nicht darin, sich in allen Gesprächen an einen solchen Ablauf zu halten, sondern in Bezug auf ein schwieriges Thema – ein Thema, bei dem die Partner nicht weiterkommen und festhängen – neue Informationen zutage zu bringen, sodass sich ein anderer Sinn ergibt und ein Knoten löst.

Regeln: Lassen Sie sich Zeit. Orientieren Sie sich zwischendurch am Ablauf. Wichtig ist die jeweils in Worten ausgesprochene Bestätigung. Es kann spannend und vergnüglich sein, den Deutungen und Unterstellungen auf die Spur zu kommen, die in Gesprächen ganz automatisch und unvermeidbar geschehen. Wirkliches Verstehen – im Sinne eines völligen Einfühlens – ist sowieso nicht möglich. Viel wichtiger ist der Eindruck des gegenseitigen Verstehens. Und den kann man mit etwas Aufwand durchaus erreichen.

Schritt 1: Das Thema benennen

Thema: Die Partner legen genau fest, worüber sie miteinander sprechen wollen. Das Thema wird in wenigen Worten formuliert.

Aufruf: Die Partner beschreiben den aufrufenden Faktor für dieses Thema, also warum sie jetzt und warum sie überhaupt darüber sprechen wollen.

Problem: Jeder Partner sagt nun, was SEIN PROBLEM mit der Situation ist. Er sollte sich nicht in Allgemeinplätzen ergehen und keine Aussagen über den Partner machen, sondern nur über sich selbst sprechen. Das mag etwas Nachsinnen erfordern.

Bestätigung: Jeder Partner bestätigt, dass er das Problem des anderen verstanden hat ausdrücklich *„ O. k, ich verstehe, dein Problem ist ... "* Das Gespräch geht erst weiter, wenn jeder bestätigt, dass der andere ihn richtig verstanden hat: *„Stimmt, du hast mein Problem verstanden. "*

Ziel: Jeder Partner sagt nun, was sein Wunsch oder sein Ziel in Bezug auf das Thema ist. Der andere Partner bewertet diesen Wunsch oder das Ziel nicht, sondern stellt lediglich Nachfragen dazu, die es ihm ermöglichen, den Wunsch oder das Ziel besser zu begreifen.

Bestätigung: Die Partner bestätigen ausdrücklich, ob und wie der Wunsch bzw. das Ziel erfasst wird.

Verlauf: Beide teilen ihre Wahrnehmungen und Ideen in Bezug auf die gegenseitigen Wünsche mit. Schlussfolgern: Die Partner bringen dabei auch zum Ausdruck, was sie „meinen" wenn sie etwas „sagen"' oder wie sie „verstehen" was sie „verstehen".

Schritt 2: Was fangen wir damit an?

Integration:	Am Schluss stellen die Partner gemeinsam fest: – Zu welchem Ergebnis sind wir gekommen? – Was ist für dich/mich neu? – Wollen wir etwas vereinbaren und was?
Würdigung:	Die Partner tauschen sich nun darüber aus: – Was ist gut gelaufen? – Welche Fehler haben wir gemacht? Sind wir beim Thema geblieben?

Umgang mit möglichen Schwierigkeiten

Ein Gespräch verläuft selten „perfekt". Zudem mag es ungewohnt sein, sich an einen strukturierten Gesprächsablauf zu halten. Wenn es offene Dinge gibt, führen Sie es zu einem anderen Zeitpunkt fort. Man kann nicht alles an einem Tag sehen, sagen, erkennen und klären.

Mit Vorwürfen umgehen

Du ...!!!

Vorwürfe und der Aufwand ihrer Abwehr sorgen immer wieder für Stress in Beziehungen. Wenn einem Vorwürfe gemacht werden, besteht die spontane Reaktion meist darin, sie zurückzuweisen oder selbst anzugreifen. Oft jedoch ist ein wahrer Kern im Vorwurf des Partners enthalten. Wenn man ihn leugnet, wird der Vorwurf wie ein Bumerang immer wieder auftauchen. Wenn man aber den wahren Kern erkennt und zugibt, kann man sich besser für oder gegen das vorgehaltene Verhalten entscheiden oder es modifizieren.

ein Beispiel: Jemand wird vom Partner als „faul" bezeichnet. Anstatt sich dagegen zu wehren und einen Streit über Faulheit im Allgemeinen und im Besonderen zu führen, kann der Partner entdecken, wie er faul ist oder sogar: wie er faul ist und ob er das sein will. Diesen Standpunkt kann er dann vertreten oder ändern, je nachdem, wofür er sich entscheidet.

Zum Thema Vorwürfe biete ich zwei unterschiedliche Übungen an. Die erste Übung soll dem Beschuldigten helfen, sich eindeutiger zu verhalten, und dem Angreifer den Wind aus den Segeln nehmen.

Die zweite Übung fordert den Beschuldiger auf, seine Bedürfnisse auszudrücken, anstatt sinnlose Anklagen vorzubringen.

Vorwurf-Übung für den Beschuldigten:
Den Kern von Vorwürfen zugeben

Diese Übung ist für den Angegriffenen gedacht. Sie soll ihm die Qual wiederkehrender Vorwürfe ersparen, indem er zugibt, was an dem Vorwurf stimmt bzw. wie es stimmt. Dann kann sein Partner erkennen, wie der andere ist.

Schritt 1: Den Vorwurf zugeben

Anlass: Ein Partner greift den anderen wegen etwas an. Er formuliert den Vorwurf in wenigen Sätzen oder besser noch in einem Satz.

Vorwurf: Der angegriffene Partner fasst zusammen: *„Du wirfst mir also vor, ... faul zu sein."*

Partner: Der angreifende Partner bestätigt oder formuliert den Vorwurf genauer.

Zugeben: Anstatt weiterhin zu leugnen, gibt der Angegriffene nun zu *wie*, also auf welche Art und Weise, der Angriff berechtigt ist, und was der Partner richtig wahrgenommen hat.
Das herauszufinden mag etwas Nachsinnen erfordern. Aber machen Sie sich klar: Sie werden für etwas angegriffen, das dem Partner nicht passt, das Sie aber sind.

So sein: Dann macht der Angegriffene deutlich, wie sehr er tatsächlich das ist bzw. das sein will, was ihm vorgeworfen wird. Der Vorwurf mag gänzlich oder nur teilweise stimmen, aber dazu sollte der Angegriffene stehen.

Zugeben: Er teilt seine Gefühle und Gedanken und Motive dafür mit und macht klar, wozu er es braucht, so zu sein.

Schritt 2: Was fangen wir damit an

Neues: Nun findet ein Austausch darüber statt, was diese neuen Informationen verändern. Ein Partner hat zugegeben, anders zu sein, als er einmal war oder als der Partner ihn haben will. Das ist spannend.

Einsehen: Der Angreifer kann an diesem Punkt realisieren, wie sein Partner – sonst, auch, auch noch – ist, und er sollte dessen So–Sein anerkennen. Oft ist es für den Angreifer erleichternd, wenn das Leugnen des Angegriffenen aufhört. Vielleicht hat dieser auch an der Einsicht zu kauen.

Umgang: Lösungen sind an diesem Punkt nicht unbedingt nötig. Wichtig ist erst einmal die Realisation, dass es ist, wie es ist. Vielleicht tauchen auch schon Vorstellungen dazu auf, wie man zukünftig mit der Tatsache umgeht.

Umgang mit möglichen Schwierigkeiten

Es mag schwierig sein, zu dem zu stehen, wie man ist. Vielleicht, weil man selbst versprochen hat, anders zu sein, vielleicht, weil man sich lieber anpassen möchte, um Differenzen nicht aufbrechen zu lassen. Aber wenn man nicht zum wahren Gehalt eines wiederkehrenden Vorwurfs steht, hört man ihn womöglich für den Rest seines Lebens.

Vorwurf-Übung für den Beschuldiger
Was willst du damit sagen?

Diese zweite Übung ermöglicht dem Angreifer auszudrücken, worum es ihm eigentlich geht. Zugleich erfährt der Angegriffene, was sein Partner tatsächlich braucht.

Schritt 1: Den Vorwurf formulieren

Aufruf: Der Angreifer möchte mehr über einen Vorwurf erfahren, den er dem Partner ständig macht, oder der Angegriffene hat es satt, immer nur diesem Vorwurf zu hören, ohne zu wissen, was der Angreifer eigentlich will.

Partner A: Formuliert seinen Vorwurf in einem Satz.

Partner B: Fragt freundlich und ehrlich interessiert:
„Was willst du damit sagen?"

Partner A: Denkt mindestens 10 Sekunden nach und gibt erst dann eine Antwort:
"Ich will damit sagen, dass ..."

Partner B: Fragt freundlich und mit ehrlichem Interesse wiederum genau das Gleiche:
„Was willst du damit sagen?"

Partner A: Denkt mindestens 10 Sekunden nach und gibt erst dann eine neue Antwort.

Ablauf: So geht es beharrlich und freundlich weiter. Partner B sagt immer diesen einen Satz, immer mit ehrlichem Interesse. Dadurch gelingt es Partner A, allmählich immer tiefer in sein Inneres zu steigen und klarer zu erkennen und mitzuteilen, worum es ihm geht.

Wechsel: Früher oder später geschieht der Wechsel vom „Du" zum „Ich". Anstatt bspw. zu sagen: „Du

	bist faul", sagt Partner B dann „Ich bin überlastet."
Ablauf:	Partner B stellt seine immer gleiche Frage so lange, bis Partner A erkennt, worum es ihm geht. Das ist immer eine Ich–Aussage, die ein Bedürfnis ausdrückt.

Schritt 2: Wie gehen wir damit um?

Kern:	Nun ist die Kernaussage des Vorwurfs klar. Es handelt sich um ein Bedürfnis des Angreifers, das in einem klaren Ich–Satz formuliert ist.
Umgang:	Die Partner sprechen nun darüber, wie sie mit diesem Bedürfnis umgehen wollen. Partner B ist jedoch nicht dazu verpflichtet.
Abmachung:	Abschließend sprechen die Partner darüber, ob und wenn ja, welche Abmachung sie treffen.

Umgang mit möglichen Schwierigkeiten

Es macht nichts, wenn auf die immer gleiche Frage mehrmals ähnliche Antworten folgen. In einem solchen Fall sollte Partner A länger darüber nachsinnen, was er eigentlich sagen will. Fruchtbar sind am Ende nur echte Ich–Aussagen. Wenig fruchtbar ist eine Misch–Aussage in der Art: „Ich möchte, dass DU!"

Wer war ich – wer will ich sein?

Beziehungen werden schwierig, wenn einer der Partner oder beide sich verändern. Individuelle Veränderung finden oft unbemerkt statt, wirken sich aber oft erheblich auf die Beziehung aus. Dann stellen sich Fragen: Wer war ich bisher, wer bin ich jetzt und will ich sein?" Ein Beispiel aus dem Bereich Sexualität: Bisher war ich „Mitmacher", jetzt bin ich ein „Neinsager", zukünftig will ich „Gestalter" sein.

Diese Übung kann ein Partner für sich allein machen, doch dann sollte er schriftlich reflektieren. Machen beide Partner die Übung zusammen, wird zuerst über den einen, danach über den anderen reflektiert. Es soll zum Austausch von Wahrnehmungen kommen, nicht zu Diskussionen.

Schritt 1: Ein Verhalten beschreiben

Ansatz:
: Ein Thema, das für die Beziehung wichtig ist und in dem es Probleme gibt. Bspw. Sexualität.

Bisher:
: Schauen Sie zurück in eine Zeit, als es dieses Problem nicht gab. Beschreiben Sie Ihr Verhalten wertfrei, und zwar in der dritten Person, und ebenfalls die dazugehörenden Gefühle und Gedanken.
"Der Mann findet Sex o. k. und macht gern mit, er fühlt sich dabei ... und denkt ..."

Name:
: Geben Sie der Person, die sich so verhält, einen Namen. Im Beispiel: „Mitmacher" oder „freudiger Mitmacher".

Jetzt:
: Schildern Sie nun Ihr gegenwärtiges Verhalten ebenfalls in der dritten Person. Beschreiben Sie es wertfrei mit den dazugehörenden Gefühlen und Gedanken.

	„Der Mann entzieht sich, hat keine Lust, denkt: ,Immer das Gleiche', fühlt sich gedrängt."
Name:	Geben Sie der Person, die sich so verhält, einen Namen. Im Beispiel hier „Der Neinsager".
Ich bin:	Versetzen Sie sich in diese Person hinein und sagen Sie „Ich bin ... ein Neinsager."
Motiv:	Machen Sie sich Ihre Motive als diese Person klar. Im Beispiel hier: „Ich verweigere mich der Routine. Ich mache nichts mehr mit, das mir nicht gefällt. Ich grenze mich ab ..."
Integration:	Nun haben Sie einige Motive dieser Person kennengelernt. Auch wenn dieser Teil Ihrer Persönlichkeit ungefragt ins Geschehen eingreift, gehört er zu Ihnen. Was bedeutet es, offen und direkt zu diesem Verhalten zu stehen?
Identität:	Formulieren Sie, wer Sie unter Berücksichtigung all dessen zukünftig sein wollen. „Ich werde zukünftig nur noch bei etwas mitmachen, wozu ich Lust habe. Ich lasse mich nicht drängen, ich lasse mir nichts vorwerfen, ich sage, was ich nicht will und was ich will."

Umgang mit möglichen Schwierigkeiten

Vielleicht fällt es Ihnen schwer, das bisherige und das neue Verhalten zu beschreiben. Dazu dient die Sprachform der dritten Person. Die Namen für das bisherige und jetzige Verhalten sind unverzichtbar, lassen Sie sich Zeit, diese zu finden. Stehen Sie zu dem jetzigen Verhalten, auch wenn es erst einmal schwerfällt. Sie werden darin etwas Wichtiges und Nützliches entdecken.

Praktische Hinweise zu verschiedenen Themen

Kritik konkretisieren

Offene oder indirekt geäußerte Kritik, wenn sie wiederkehrt, auf ihren Informationsgehalt geprüft werden. Die Übung dazu ist einfach.

Partner A: *Macht eine kritische Äußerung.*

Partner B: Sagt, was er verstanden hat: „Du meinst ...“

Partner A: Berichtigt oder konkretisiert seine Aussage, und zwar solange ...

Ablauf: ... bis das, was gesagt und verstanden wurde, deckungsgleich ist.

Umgang: Anschließend sprechen die Partner darüber, was neu ist und was sie damit anfangen wollen.

Mit Angriffen umgehen

Angriff: *Nehmen Sie wahr, wie der Angreifer wirkt, klingt, aussieht.*

Aktion: Äußern Sie ihre Wahrnehmung, bspw.: *„Das klingt als ob du mir drohen willst"* oder *„Das sieht aus, als ob du ..."*

Stoppen: Die Äußerung soll dem Angreifer bewusst machen, wie er auf Sie wirkt. Das wird ihn meist stoppen, es sei denn, er will genau so wirken oder sein.

Hinweis zu Wut und Ärger

Sollte Wut oder Ärger in der Auseinandersetzung auftauchen, nutzt es wenig, den Partner davon abhalten zu wollen. Der Ausruf: *„Schrei mich nicht an ....!"* wird oft sogar weitere Wut hervorrufen, weil das eine Ablehnung des Gefühls bedeutet. Besser ist es, seine Wahrnehmung zu äußern, etwa *„Du bist offensichtlich ziemlich sauer!"* Ein Gefühl anzuerkennen ist besser als es infrage zu stellen und auf diese Weise ungewollt zu verstärken.

Streit deeskalieren

Wenn Sie über ein Thema streiten und die Kontrolle über Ihre Worte zu verlieren drohen, stellen Sie ein kleines Aufnahmegerät auf den Tisch und drücken auf „Aufnahme". Ab nun gibt es Zeugen! Das bremst gehörig! Darüber hinaus können Sie sich das Ganze später noch anhören und dabei den Kopf über sich schütteln oder über sich lachen. Das ist ein spannendes Experiment, um Abstand zu sich herzustellen.

Selbstbehauptung/Selbstoffenbarung

Wenn Sie dem Partner gegenüber Dinge zurückhalten, können Sie darüber mit Hilfe folgender Fragen nachdenken:

– Wozu fühle ich mich im Kontakt mit dem Partner gezwungen? Was kann bzw. darf ich nicht sagen oder tun? Was sind meine Befürchtungen diesbezüglich?

– Welche anderen Impulse habe ich? Was hält mich fest oder zurück, diesen anderen Impulsen zu folgen? „Am liebsten würde ich ..."

– Welche Auswirkungen auf mein Verhältnis zum Partner hat meine Zurückhaltung?

– Möchte ich etwas daran ändern oder will ich zurückhaltend bleiben?

– Wer bin ich so und möchte ich diese Person sein?

Unterschiedliche Lebensvorstellungen

Aber du hast doch gesagt ...

Manchmal sind unterschiedliche Lebensvorstellungen von Anfang einer Beziehung an sichtbar, doch in der Phase der Verliebtheit werden sie gern links liegen gelassen. Nicht selten treten verschiedene Lebensentwürfe aber auch erst im Laufe der Zeit zutage. An solch einem Punkt beginnen gewöhnlich Machtkämpfe. Jeder will den Partner auf den eigenen Weg zerren und beruft sich dabei auf die Liebe. Da mit Lebensvorstellungen wichtige individuelle Ziele verfolgt werden, ist es nicht hilfreich, darüber zu streiten, ob solche Vorstellungen richtig, falsch, normal, verrückt oder sonst wie sind. Wovon der Partner träumt, davon träumt er. Er kann seine Träume nicht wechseln wie ein Kleidungsstück. Man kann aber eines tun: Man kann die eigene Vorstellung entfalten und dann feststellen, was sie auf der anderen Seite bewirkt. Wenn der Partner das ebenfalls tut, können sich neue Informationen über Gemeinsamkeiten oder Unterschiede ergeben.

Die Regeln dieser Übung

1. Die Übung dauert je Partner etwa eine halbe Stunde.
2. Während ein Partner seine Vorstellung entfaltet, schweigt der andere. Keine Kommentare, keine Kritik, kein Auslachen!
3. Bei der Schilderung der Zielvorstellung wird in der Gegenwartsform gesprochen, also nicht: „Ich würde drei Kinder haben" sondern „Ich habe drei Kinder". Diese Sprachform führt zu besseren Resultaten.

Je intensiver und lebendiger der Zukunftstraum entfaltet wird, desto mehr kann sich der andere Partner darunter vorstellen. Beschreiben Sie ausführlich, was in der Außenwelt und was in der Innenwelt passiert, wenn das Ziel erreicht ist.

Schritt 1: Vorstellungen entfalten

Aufruf:	Verschiedene Zukunftsvorstellungen sind deutlich geworden und die Auseinandersetzungen darüber haben einen konflikthaften Charakter angenommen.
Am Ziel:	Jeder Partner befasst sich nun für einige Minuten mit der Frage: „Wie sieht mein Leben konkret aus, wenn meine alle Vorstellungen und Zukunftsträume verwirklicht sind?"
Partner A:	Dann stellt sich ein Partner vor, bereits an diesem Ziel zu sein. Er schaut sich in der Zukunft um und schildert 15 Minuten lang ausführlich und in der Gegenwartsform: – wo ich bin und was dort verwirklicht ist, – was dort genau geschieht, – welche Menschen daran beteiligt sind, – welche Gefühle ich dabei habe, wie es ist, so zu leben, und – welche Sehnsucht sich dort erfüllt hat.
Partner B:	Nach Ablauf der Zeit wird sofort gewechselt, ohne vorher über den Traum des ersten Partners zu sprechen. Partner B entfaltet seinen Traum nun ebenfalls in der Gegenwartsform und in aller Ruhe und Breite 15 Minuten lang. Er konzentriert sich ganz auf seine Zukunft und lässt außer Acht, was er gerade von seinem Partner erfahren hat.

Schritt 2: Die Beziehung

Austausch: Jetzt tauschen sich die Partner aus:

– Wie gut ist es uns gelungen, die Zukunftsvorstellung zu entfalten?
– Was ist deutlicher geworden oder neu? Was habe ich vorher nicht gewusst? Was versprechen wir uns von dieser Zukunft?

– Was hat die Entfaltung des Traumes beim anderen Partner ausgelöst?
– *Was ist durch die Schilderung der Zukunftsvorstellungen in der Beziehung entstanden?*
– *Sind wir uns nähergekommen?*
– *Haben wir uns weiter voneinander entfernt?*
– *Verstehen wir unsere Gemeinsamkeiten und Unterschiede jetzt besser?*
– *Können wir uns entgegenkommen?*

Umgang mit möglichen Schwierigkeiten

Es ist wahrscheinlich ungewohnt, 15 Minuten lang in die eigene Fantasiewelt einzusteigen. Auch wenn Sie sich unsicher fühlen: Bleiben Sie dran, schildern Sie innere Bilder, die dazu gehörenden Gefühle und Gedanken, beschreiben Sie, wie es sich in der Zukunft lebt.

Trennung? - Zusammenbleiben oder auseinandergehen?

Gedanken an eine Trennung rufen unangenehme Empfindungen hervor, weshalb sie möglichst lange hinausgeschoben werden. Das führt unter Umständen dazu, dass ein Partner es irgendwann in der Beziehung nicht mehr aushält.

Vielleicht können kleine Trennungen – rechtzeitig durchgeführte Abgrenzungen – die große Trennung vermeiden. Als eine kleine Trennung bezeichne ich die Trennung von etwas, als große Trennung die Trennung vom Partner. Bei einer kleinen Trennung kann es sich um die Trennung von Hoffnungen, Verhaltensweisen, die Auflösung von Versprechen und Abmachungen, Zukunftsträumen oder anderem handeln.

Die Übung ist für den einzelnen Partner gedacht. Sie können hinterher entscheiden, ob Sie mit dem Partner über Ihre Erkenntnisse sprechen wollen.

Schritt 1: Die Trennungsfantasie

Trennung: Stellen Sie sich vor, sich vom Partner getrennt zu haben. Nun werden Dinge möglich, die bisher unmöglich schienen. Oder sie brauchen etwas nicht mehr zu tun, zu dem Sie sich bisher gezwungen oder verpflichtet fühlten.

Schreiben: Nehmen Sie Papier und Stift und beschreiben Sie die Vorteile der neuen Situation sehr detailliert. Beantworten Sie die folgenden Fragen in der Gegenwartsform:
– Was kann ich jetzt tun, was habe ich gewonnen und wie fühle ich mich dabei?
– Was muss ich nicht mehr ertragen?
– Was kann ich mir jetzt erlauben?
– Welche neuen Überzeugungen und Einstellungen liegen meinem neuen Leben zugrunde?

Schritt 2: Die Alternativen

Würdigung: Lesen Sie Ihre Aufzeichnungen durch und würdigen Sie die Absichten, die hinter Ihren Trennungsgedanken liegen. Wie wichtig ist Ihnen das, was Sie glauben, nach einer Trennung tun und erleben zu können?

Trennung: Wie haben Sie in Ihrer Beziehung bisher dafür gesorgt, das Ihnen Wichtige zu erleben? Wovon müssten Sie sich in der Beziehung trennen, um das erleben zu können? Welche kleine Trennung liegt an? Was müssen Sie tun?

Partner: Wollen Sie mit Ihrem Partner hierüber sprechen? Wollen Sie ein Versprechen kündigen, eine Verpflichtung auflösen, etwas Neues tun?

Umgang mit möglichen Schwierigkeiten

In jedem Fall müssen SIE sich von etwas trennen. Die Frage ist nur, ob Sie sich in der Beziehung von etwas trennen oder von der Beziehung. Denken Sie darüber nach, kauen Sie darauf herum. Sie werden Mut dazu brauchen.

Über den Autor

Michael Mary ist einer der bekanntesten deutschen Paar, Individual- und Singleberater. Er ist Autor von mehr als 30 Büchern und hat für den NDR und SWR etliche Paarberatungssendungen durchgeführt. Er arbeitet auf Grundlage der von ihm entwickelten Methode 'Erlebte Beratung' in Hamburg, wo er neben Beratungen auch Workshops und Fortbildungen anbietet.

Besuchen Sie seinen shop, dort finden Sie weiter Bücher, Ebooks, Online-Workshops und Videos von Michael Mary.

www.nordholt.de/shop

Dieses Buch ist Teil der Reihe 'Paarberatung'.